日中友好ブックレット　4

「台湾有事」を起こさせないために

日本中国友好協会　編

本の泉社

はじめに

　日本国内では「台湾有事」がさも差し迫った危機であるかのように報道され、それを根拠にアメリカは日本に軍事費のGDP比を2倍に増やすことを求めています。しかし、そもそも諸国の外交・安保政策はそれぞれが決めるものです。どうしてアメリカによって「要求」されなければならないのでしょうか。

　ただし、この疑問を越えて私たちが考えたいと思ったのは、このような論理で事が進められている以上、「台湾有事」とは何か、本当に高確率で「有事」となるのかどうか、そして最後に、その可能性を高めているのは誰かが明らかにされなければならないということです。

　そもそも、コロナが終わって日本人の多くが台湾に旅行しているというのは、その現地に緊張関係がないということで、2024年の1月にあった台湾の総統選・立法院選挙でもそうした民意が表されました。戦争に向かう「台独」ではなく、「現状維持」という選択です。これは台湾を旅行したことのある人なら誰もが知っていることです。ちなみに、言論NPOが毎年、日中米韓4カ国の有識者を対象に行なっているアンケート調査でも「台湾海峡での紛争可能性」は23年、24年ともに他の各種のリスクと比較にならない「ランク外」となっています。

　しかし、一方で、自衛隊と西側諸国の近辺での軍事演習、南西諸島での軍事強化など日本の対応は、23年8月と24年1月の麻生元総理の「戦う覚悟」発言に見られるように日本政府こそが「有事」を願っているようにも見えます。台湾に大陸中国と「戦う覚悟」を求め、「戦ってもらわなければ」とする発言です。

　さらにもう一つのより重要なファクターはアメリカです。アメリカはまだ「西側諸国」とその周辺には大きな影響力を保ち、その外交戦略がある地域を戦場にしたり、安定させたり、そういう力をもつからで、本書が出版されるころに結果が出るアメリカ大統領選挙も大いに注目されます。トランプが当選して「在韓米軍の撤退」のようなことが再び提唱されるのか、それともハリスが当選してバイデン政権の路線が継承されるのかですが、どちらにして

も、アメリカが台湾を対中外交の「カード」としてしか見ていないことは確かで、私たち北東アジア諸国民の利益を考えての政策選択でないことだけははっきりしています。

　本書は以上のような問題関心のもとに、日中友好協会が開催した二度の学習企画をベースに編集しています。2023年11月に鹿児島で開催された日本平和大会での分科会と24年3月に東京で開催した「両岸関係シンポジウム」です。ともに大変好評であったため、本書を編むこととなりました。

　なお、本書の他書と異なる特徴は、この台湾問題も過去の侵略戦争の歴史の中でとらえなければならないこと、米中日台の過去の外交文書を正確に読み解く必要のあること、「台湾有事」で最も不利益を受ける日本の県は沖縄であること、沖縄と台湾とは親近感をもち合える歴史を共有していること、そして、ここで議論している「両岸関係」は経済関係でもあってそこにもアメリカの世界戦略が強く影響を及ぼしていることを強調しているところにあります。それらの諸点に注目しながらこの問題を考える材料にしていただければと希望します。

本書編集責任者　大西　広

はじめに

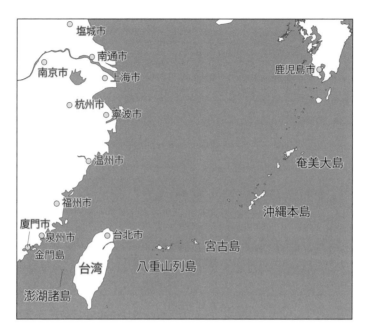

本書で扱う両岸関係地図

「台湾有事」を起こさせないために 〈目次〉

はじめに　　　　　　　　3

第1章　近現代史から見た台湾と日本　　　　　　　井上久士 7

第2章　台湾問題の所在と論点を整理する
　　　　――「民意」と法的規範のせめぎ合い――　岡田　充 19

第3章　台湾問題を経済的視野からとらえる　　　　山本恒人 31

第4章　東アジアの安定こそ、沖縄が平和に生きる道
　　　　――南西諸島の軍事要塞化に抗して――　　上里賢一 41

第5章　侵略への深い反省の上に平和的解決の努力を求める
　　　　　　　　　　　　　　　　　　　　　　　大西　広 53

年表　　　　　　　　62

おわりに　　　　　　64

●第1章●
近現代史から見た台湾と日本

井上久士

　台湾について、日本の中学や高校の歴史ではこれまであまり取り上げられてきませんでした。最近歴史総合という教科が始まり、新しい試みが生まれていますが、成人の世代の日本人は、日清戦争の勝利の結果、日本が台湾を領有することになった、第二次世界大戦後は中国大陸と台湾に分かれて今に至っているくらいの知識の人が多いのではないでしょうか。そして、中国は反日的だけれども、台湾は親日的だと何となく思っている人も多いと思われます。

　本章では近代の台湾について日本との関係を中心にして、日本人として知っておくべき歴史的事実を簡単に見ておくことにしましょう。

1．150年前の日本の台湾出兵（牡丹社事件）

　日本では1868年、幕府を倒して新政府が成立し、近世の幕藩体制から近代の天皇制国家へという大変革が起きました。明治維新です。

　明治政府は対外和親の方針で進むことを明らかにしました。1871年7月、日本と中国（清国）との間で最初の条約である日清修好条規が締結されました。

　西洋列強の圧力が東アジアに押しよせてきたのは、この30年以上前です。アヘン戦争に敗れた清国は、1842年にイギリスと南京条約（翌年に五港通商章程、虎門寨追加条約）を結ぶこととなり、賠償金の支払い、香港島の割譲、上海などの開港、領事裁判権、関税自主権の喪失などを認めさせられました。明らかな不平等条約でした。不平等条約は、イギリスだけでなくアメリカ、フランスなど他の西洋列強とも結ばれることになりました。

　1853年、アメリカ東インド艦隊司令長官ペリーの「黒船」が浦賀沖に現れ、江戸幕府に開国を迫りました。翌年結ばれた日米和親条約で幕府は、下田・箱

館の開港や領事の駐在などを認めました。さらに58年に、幕府は日米修好通商条約に調印し、在留外国人の領事裁判権、関税自主権の放棄を認めることとなりました。これは明らかな不平等条約でした。同様の条約は、他の西洋列強とも結ばれました。

日清修好条規は、ともに欧米に不平等条約を押しつけられている日本と中国が結んだ対等な条約でした。

同時に、日本と中国の間で不明確な領土問題が存在していました。それは琉球王国のあつかいでした。近代国民国家とは、「国境線に区切られた一定の領域からなる、主権を備えた国家で、その中に住む人びとが国民的一体性の意識を共有している国家」であると言われます。しかし、それまでの東アジアの国際秩序は、中国が周辺国家へ政治的経済的文化的影響を及ぼし、周辺諸国と朝貢・冊封の関係をもつことで成り立っていました。琉球の場合、清国と薩摩藩・江戸幕府の双方へ朝貢しており両属している状態でした。

明治政府は琉球を中国から切り離して日本に組み込む政策を進め、1872年10月、琉球王国を琉球藩として、日本の一部であるとしました。

ちょうどその時期に起きたのが、牡丹社事件です。

1871年12月、琉球船が漂流して台湾東海岸の八瑤湾（現在の屏東県満州郷九棚村）で座礁沈没、乗員66人が上陸した後、原住民（パイワン族）の居住地域・牡丹社で54人が殺害されるという事件が起きました。12人は漢人に助けられ、台湾府に行き、1872年6月福州から帰国しています。

日本は1874年5月、この琉球漂流民殺害事件を理由として、西郷従道陸軍中将（西郷隆盛の実弟）が約3600人の兵力を率いて台湾に攻め込みました。近代日本で最初の海外派兵でした。牡丹社のパイワン族は、近代的武器をもった日本軍に対し弓や石、旧式の火縄銃などで激しく抵抗しましたが敗北しました。

2021年、台湾で牡丹社事件ドキュメンタリー「SEVALITAN」が公開されました。この歴史的事件を多角的に描いています。（https://filmfreeway.com/SEVALITAN）

日本が出兵したのは、不平士族の不満をそらすこともありましたが、琉球民は日本の国民である、琉球は日本であるということを清国に認めさせることに主要な目的がありました。また、日本は派兵するにあたって、台湾を「清国属

地」と「土蕃之地(どばん)」に分け、派兵する東部は「土蕃之地」であり、「無主の地」（中国の統治は及んでいない）であるという言い方をしました。これは、殺害事件が起きてから、清国が日本に対して、（清国に直接の責任はないという意味で）原住民は「化外の民」であると述べたことにつけ込んだ主張です。

台湾出兵は、1874年10月、参議大久保利通が北京に派遣され、イギリス公使の調停で和議となり、日本が12月に撤兵して終了しました。和議の内容は、清国が日本に50万両を支払い、日本の出兵を「民を守る義挙」と認めるという内容でした。つまり、琉球民は日本国民であることを清国に認めさせるという目的を達したわけです。台湾出兵は、日本軍の海外派遣であり侵略行為であると言えますが、日本が台湾を占領し、植民地支配する目的の行動であったと言うことはできません。

1879年、日本は軍隊と警察を琉球に送って琉球藩を武力で接収し、沖縄県を設置、日本編入を強行しました。

2．植民地台湾

日清戦争と日本の台湾領有

1895年から1945年の半世紀にわたり台湾は日本の植民地とされ、中国全体のあゆみから切り離されることになりました。なぜ台湾が大陸と分離することになったのでしょうか。

朝鮮の権益をめぐって1894年8月に起きたのが日清戦争です。戦争に勝利した日本は、1895年4月17日に締結された下関条約で、朝鮮に対する清国の支配権の排除、遼東半島・台湾およびその附属諸島嶼(とうしょ)・澎湖諸島(ほうこ)および周辺諸島嶼の割譲、2億両の賠償金、沙市(テール)（現在の荊州市沙市区）・重慶・蘇州・杭州の開港などを認めさせました。遼東半島の割譲については、ロシア・フランス・ドイツが清国に返せと迫ったので、日本政府はやむをえず、これを受け入れました（三国干渉）。しかし、台湾・澎湖諸島の日本領有、植民地化は強行されました。

台湾の対日譲渡は、台湾住民に何の相談もなく行なわれたので、台湾の人びとの強い反発を引き起こしました。台湾の士紳(けい)（地方社会で社会的・文化的地

位を有する人）と民衆は憤慨し、台湾を日本に売り渡す下関条約に調印した李鴻章を懲罰にかけるよう要求しました。5月25日には台湾巡撫であった唐景崧を総統に「台湾民主国」を成立させ、断固抵抗の構えを示しました。

　台湾支配のため日本の軍隊が派遣されました。日本軍が侵攻すると6月4日、唐景崧は大陸に逃亡したので「台湾民主国」は崩壊しましたが、その後も全島各地で激しい抗日ゲリラ活動が続きました。日本軍は台北から南進して行きましたが、各地で抵抗にあい、4カ月もの時間を費やして10月下旬ようやく台南に到達することができたのです。台北と台南に日本軍が入城した時、協力した現地人もいましたが、日本軍が台湾の人びとに大歓迎を受けて台湾支配を始めたのでは決してありません。征服戦争によって始められたことを、私たちは記憶に留めておくべきです。この5カ月間の征服戦争によって、台湾の軍民約1万4000人が犠牲になったと言われています。その後も20世紀初めまで山麓地域を中心に抗日ゲリラ活動は続きました。

日本の台湾植民地統治

　日本による台湾植民地支配の機関として台湾総督府が設置されました。初代の台湾総督に任命されたのは、海軍大将樺山資紀でした。総督は天皇が直接任命する親任官とされ、台湾の政治と軍事の全権を握る権限をもっていました。1919年までは、総督は陸海軍の大将・中将が任命されました。台湾では日本内地の法令は一部を除き適用されず、総督が法律と同等の効力を有する命令を下す権限をもっていました。まさに天皇の代理人であったのです。

　総督府の統治は、最初は軍政（軍による直接統治）でしたが、1896年4月から民政に移行し、本格的な植民地統治を始めました。治安の確保と行

台北にある現在の台湾総統府は日本統治時代の台湾総督府
出典：https://taiwan-tsuru.com/soutoufu-sankan

政の補助として保甲制度（10戸で1甲、10甲で1保として台湾住民を組織化し「甲長」「保正」を置く）を実施して、住民の相互監視と連帯責任での処罰を強制しました。

　初期の武力征服が一段落すると、植民地的近代化が展開されました。児玉源太郎総督と後藤新平民政長官の時期（1898〜1906年）から台湾の殖産興業政策が本格化しました。植民地における最初の銀行として、1897年に台湾銀行が設置され、日本本国からの資本導入の窓口になりました。全島の土地調査事業を実行し、複雑な権利関係を整理して近代的土地所有権制度を確立しました。アヘン、塩、酒、タバコなどを専売制として財源を確保し、鉄道、道路、港湾、電気、水道などのインフラ整備を行ないました。鉄道建設などによって人びとの生活が便利になったことは事実です。

　また教育では、小学校が全島に設置されました。漢民族だけでなく先住民向けの学校も造られました。教育の普及は近代化を促進するために重要ですが、学校では日本語によって授業が行なわれ、日本語の使用が強制されました。教育の普及によって新しい知識人が生まれ、50年にわたる日本の植民地支配を通じて、台湾社会に日本語が相当普及することになりました。

　今日日本の一部には、日本のおかげで台湾や朝鮮が近代化したとみなす人びとがいます。まるで帝国日本は、よいことをしてあげたかのようです。はたして本当にそうでしょうか。第1に考えなければいけないのは、植民地の近代化は、現地の民衆のために行なった慈善事業ではなかったことです。日本本国が植民地からより多くの富を収奪し、より多くの利益を得ることが、支配の目的でした。

　例えば台湾ではサトウキビ栽培が適しているので、台湾製糖などの日本資本による大規模な製糖業が発展しました。台湾の砂糖のおかげで日本資本は莫大な利益をあげ、日本は砂糖を輸入する必要がなくなったので、貿易赤字を軽減させることができました。道路や電力などのインフラ整備は、産業発展のために不可欠でした。

　第2に、植民地台湾の社会秩序が、支配民族としての日本人と被支配民族としての台湾人（漢人と先住民）という差別と不平等のうえに形成されたものであったことです。

　この2点を無視して、日本人が鉄道網を造ったから台湾人は感謝すべきだと

か、日本が台湾を近代化したから今でも台湾人は親日的であるのだというような言説は、歴史を全く理解していない一方的な見方です。

植民地支配に対する抵抗

日本の統治に対する台湾住民の反感と反抗はなくなりませんでした。

1915年、南部農村で西来庵（せいらいあん）事件が起きました。西来庵というのは指導者の余清芳という漢人が活動の拠点にしていた台南の寺廟です（蜂起した場所をとってタパニー事件とも呼ばれる）。余清芳らは初期の抗日ゲリラ闘争の経験者であり、道教系の伝統的民間宗教を背景に抗日武装蜂起を計画しました。しかし、本格的な蜂起に至る前に警察に察知されてしまいました。余清芳らは部下を率いて山中に逃れ、日本の軍隊・警察と激しい戦闘を展開しましたが、数カ月で壊滅しました。余清芳ら100人以上が処刑され、数百人の住民が殺されたと言われています。これは漢人による抗日武装闘争としては最大にして最後のものでした。以後、台湾の民族運動は知識人中心の社会文化運動に転換することになりました。

1921年10月、台湾中部の名望家林献堂を指導者に台湾文化協会が設立され、文化的啓蒙運動と合法的な権利獲得運動が展開されました。林献堂らは同年1月、台湾議会の創設を求める請願を帝国議会に提出していました。台湾議会とは、法律制定権と予算への協賛権をもつものと構想されていました。台湾の政治に、住民の意思を少しでも反映させようというねらいでした。結局この請願を日本政府が認めることも、帝国議会が採択することもありませんでしたが、1934年まで15回にわたって請願が出されました。

議会設置請願運動に取り組んだのは、漢人の地元有力者と日本教育を受

西来庵事件の指導者余清芳の記念碑（台南市玉井区）
出典：https://www.twtainan.net/ja/attractions/detail/4935

け日本語をあやつることのできる知識人でした。日本は大正デモクラシーの時代で、社会改造のための運動が起こり、普通選挙を要求する運動が高まり、各地で集会やデモが行なわれました。台湾の議会設置請願運動には、日本に留学経験のある台湾の漢人も数多く参加していました。

　台湾文化協会は1920年代後半、急進派と穏健派の対立が強まり、1927年7月、穏健派が離脱して台湾民衆党を組織しました。台湾文化協会は、いわゆる左派が主導権を握ることになりました。ちょうど中国大陸で中国国民党と中国共産党の間の第一次国共合作が分裂した時期です。台湾の民族運動は、大陸の政治状況とも無関係ではなかったのです。

　1928年4月、モスクワ留学経験のある謝雪紅（1901～1970年、台湾彰化出身）・林木順（1906～1934年以後不明、台湾南投出身）らと台湾の活動家は、上海のフランス租界で台湾共産党を結成しました。コミンテルンの一国一党の原則により、正式には日本共産党台湾民族支部と称しました。彼らは、台湾文化協会や農民組合を舞台に活発に活動しました。同時に台湾共産党の主張には、日本の支配からの「台湾民族」の解放を第一にめざすのか、それとも農民の土地革命や労働運動などの階級闘争に注力するのかなど解決すべき多くの問題を抱えていました。台湾共産党の党員は少数で、その影響力も限られていました。

　台湾総督府は日本内地と同様に警察特別高等課を設け、民族主義運動、共産主義運動への激しい摘発を進めました。1931年の度重なる検挙で、ほとんどの指導者と活動家は逮捕され、党組織は破壊されました。

　台湾共産党を弾圧した当局は、同年台湾民衆党をも強制解散させました。穏健派の林献堂らは、1930年に台湾地方自治連盟を立ち上げ、それまでの議会設置請願運動に代わって地主、地方資産家等を吸収し地方自治の実施を要求しました。総督府は1935年に台湾での地方選挙を実施しました。1937年、同連盟は任務が達成されたとして解散しました。

　他方、漢民族ではなく台湾先住民の抗日運動が爆発したのが霧社事件です。台湾は、平野部は漢民族が集中し、先住民は山地で狩猟をし、伝統的な掟に従い生活してきました。総督府は、「理蕃計画」（日本人支配に帰順させるための政策）をたて、山地先住民族を武力で征服し、警察官による監視、教育、部族指導者の籠絡などにより、その支配を強化しました。台湾中部山岳地帯（現在

の南投県仁愛郷）にある霧社は、総督府による「理蕃政策」の成功地とみなされていましたが、先住民であるセデック族（日本統治時代からタイヤル族の一部とされてきましたが、現在では独立した民族とみなされています）は日本側の山林資源の収奪、労役動員などの強制と差別、教育による同化政策などに不満をつのらせていました。1930年10月27日、霧社セデック族の頭目モーナ・ルーダオの指揮下に蜂起し、駐在所や公学校の運動会を襲撃し、日本人139人を殺害しました。驚いた日本側は、警察だけでなく陸軍も動員し、毒ガスや航空機も使って、徹底的に討伐しました。蜂起側の死者は、自殺も含めて644人に及びました。これ以後、日本による先住民支配はいっそう強化されました。

皇民化と戦争

満洲事変以後、日本の中国侵略が始まり、台湾は日本の「南進基地」として位置づけられることになりました。急速な重化学工業化がはかられ、1939年には工業生産額が農業生産額を上回りました。

日本の軍国主義化は台湾にも及び、1936年10月には海軍予備役大将の小林躋造（せいぞう）が総督に就任しました。軍人が総督になるのは、1919年以来でした。小林総督は、朝鮮と同様に「皇民化」政策を推進しました。

日本語使用を推進する「国語常用運動」が本格的に展開されました。特に学校では、児童が母語である閩南語（びんなんご）（福建省南部の中国語）を話すと殴打されることがあったと言われます。

1940年2月になると、日本式の姓名に改めようという改姓名運動が展開されました。ただし、朝鮮の創氏改名ほど強制的でなく、各戸の申請にもとづく許可制だったので、日本名となった人はわずかでした。

台湾住民の反感を買ったのは、日本の

2011年の台湾映画「セデック・バレ」は、霧社事件を題材にした大作。第48回金馬奨で「最優秀作品賞」を受賞。
出典：https://natalie.mu/eiga/film/161195

国家神道の押しつけ、台湾在来の宗教の禁圧でした。伝統的な寺廟が整理される一方、各家庭に「神宮大麻」（伊勢神宮の御札）が配布され、日本式の神社参詣や宮城遥拝が強制されました。台湾では、台湾総督府のような日本の統治時代の建物が数多く再利用されていますが、台湾神社（1944年に台湾神宮、現在の円山大飯店がある場所にあった）はじめ各地に建てられた神社は、現在見かけることはありません。戦後すべて破壊されてしまったからです。このようなところにも台湾住民の感情が現れています。

国民精神総動員運動が始まり、1940年に、その推進機関として台湾皇民報国会がつくられました。各地に支部がつくられ、台湾総督府が以前つくった保甲制度を利用して、民衆の生活への監視、統制がいっそう強められました。

さらに、戦時総動員体制の下、台湾でも軍事動員が行なわれました。

第1は、軍夫、通訳などの軍属で、日中全面戦争開始後、台湾駐屯軍の中国戦線出動以来、動員されました。彼らは中国大陸の各地からアジア太平洋の各地の戦場に派遣されました。

第2は、志願兵です。台湾では1942年4月から陸軍特別志願兵制度が実施され、翌年8月からは海軍特別志願兵制度も実施されました。台湾住民の中にも志願する者が少なくありませんでした。総督府による教育の普及とその影響力は、ここにも見ることができますが、彼らは軍隊内に入れば民族差別に悩まされることになりました。

最後の段階は、日本がいよいよ兵員不足になった時期です。1944年に植民地での徴兵制を決定し、翌45年1月から台湾でも実施することとなりました。日本は、植民地で徴兵制を実施する代わりに、台湾、朝鮮住民にも帝国議会の選挙権と被選挙権を与えると約束し、45年4月にその旨の詔書が発せられました。こうして1945年末の帝国議会選挙では、台湾でも初の衆議院議員を選出できることになりましたが、その前に大日本帝国は崩壊してしまいました。

日本ではほとんど知られていないことですが、1944年10月から日本敗戦までの約10カ月、台湾は各地でアメリカ軍機による空襲を受けました。港湾、空港、鉄道駅、工場、発電所などの施設が標的にされましたが、やがて都市への無差別絨毯爆撃が行なわれるようになりました。45年3月1日の台南空襲、5月31日の台北大空襲はとりわけ大規模なもので、家屋は破壊され多数の死傷者が出ました。台北の台湾総督府も被弾し、一部が破壊されました。こうし

た空襲では、日本人も被害を受けましたが、多くの台湾の住民が死傷し財産を失いました。

1973年の厚生省（当時）の発表によれば、日本の敗戦までに、台湾では軍人8万433人、軍属12万6750人、合計20万7163人が戦争に動員され、合計3万304人の死者を出したとされています。これらの「台湾日本兵」たちは、アジア太平洋の各地で帝国日本のために戦い、また危険な戦場での作業にあたったものの、戦後、日本側から軍人・軍属としての補償を得られませんでした。戦後の台湾では敵国側についた者として冷遇されることになりました。なかには連合軍による戦犯裁判で処罰された人もいます。日本の侵略戦争は、植民地台湾の人びとにも深い傷を残していることをよく認識すべきです。

3. 戦争の終わり方と台湾

日本は、1945年8月14日、ポツダム宣言受諾を最終決定し、翌日天皇がラジオ放送を通じてこの決定を国民に伝えました。大日本帝国の崩壊は、台湾や朝鮮など植民地の解放を意味していました。ポツダム宣言には台湾について直接の言及はありませんが、第8項に「カイロ宣言の条項は履行せらるべく又日本国の主権は本州、北海道、九州及四国並に吾等の決定する諸小島に局限せらるべし」とあるので、台湾、朝鮮が日本の領土でないことは明らかです。

では、「カイロ宣言の条項」とは何でしょうか。カイロ宣言（1943年12月1日）は、米英中の三カ国がその戦争目的と対日方針を確認したものです。「三大同盟国は日本の侵略を制止し且之を罰する為今次の戦争を為しつつあるものなり」と、日本の侵略をやめさせることが戦争目的であることを明示したうえで、「右連合国の目的は満洲、台湾および澎湖島の如き日本国が中国人より盗取したる一切の地域を中華民国が回復することに在り」と述べられています。もともと中国の領土であった中国東北、台湾、澎湖諸島を中華民国に返すということです。これを前提にポツダム宣言は組み立てられています。

10月25日、中華民国代表で台湾省行政長官となった陳儀は、最後の台湾総督安藤利吉と降伏接受文書に調印し、正式に日本から台湾を接収しました。台湾では10月25日が、光復節（祖国復帰記念日）とされています。日本はポツダム宣言を受け入れて、台湾を中華民国に返した以上、その後、台湾をどのよ

うに処遇するかは、中国の国内問題ということになります。今日の台湾問題を考えるうえでも、これはとても重要なポイントです。

　台湾の人びとは日本の植民地統治から解放され、祖国に復帰したことを歓迎していました。しかし、台湾省行政長官公署は日本の総督府と同じような絶大な権限を握り、戦後大陸から移ってきた人びと（彼らを外省人と呼びます）が要職を独占しました。日本のもっていた財産も外省人が接収しました。それに対して、日本時代から台湾にいた漢人を本省人と呼びますが、彼らは周辺化され不満をもつようになりました。これが爆発したのが、1947年2月28日に起こった二・二八事件です。武装蜂起と軍隊による鎮圧によって、2万人以上が処刑や行方不明となりました。外省人と本省人の分断は、その後、長く台湾社会に傷を残しました。

　一方、中国大陸では、国民党と共産党が戦後復興のために連合政府をつくろうとする動きがありましたが、結局成功せず、1946年6月ころから本格的な国共内戦になりました。内戦は48年後半から49年初めになると、中国共産党の人民解放軍が東北をおさえて、優勢になりました。1949年10月1日、中華人民共和国が成立し、他方、12月7日、中華民国政府は正式に台北に移転しました。

　1949年8月に発表されたアメリカ国務省の『中国白書』では、国民党政権の腐敗と無能を強く指摘、国民党を支援するのはザルで水をすくおうとするようなものだとの判断を示しました。1950年1月、トルーマン大統領は台湾海峡不介入を宣言し、台湾に移った国民党政権を見放したかに見えました。人民解放軍は福建省に集結し、満を持して台湾解放作戦実行に備えていました。中華人民共和国が内戦で完全勝利し、台湾の政権が崩壊するのは時間の問題であるように見られていました。

　この状況が劇的に変化したのは、1950年6月25日に朝鮮戦争が勃発したことです。6月27日、トルーマン大統領は第七艦隊を台湾海峡に派遣し、人民解放軍の台湾作戦を防ぎ、国民党側への援助を再開しました。中国も台湾作戦の実施をとりやめ、軍を東北へ移動させ、10月には「中国人民義勇軍」の名目で朝鮮に出兵することになりました。台湾の国民党政権がその後、長く存続しえたのは、このような状況が生まれたからです。

　アメリカは台湾の「中華民国」が国際連合の中国代表権、安全保障理事会で

の常任理事国としての地位を維持することを支持しました。日本との講和問題でも、日本と最も長く戦い、深刻な戦争被害を出していた中国が1951年のサンフランシスコ講和会議に招かれませんでした。1952年4月、日本はアメリカの圧力で台湾の国民党政権と日華平和条約を締結し、日本と中国との戦争状態が終結したとする立場をとることになりました。その後20年間、日中間では講和も国交もない不正常な状態が続くことになったのです。日中友好協会は、この不自然な状態を正し、中華人民共和国を中国の代表と認めたうえで国交正常化をはかるように国民運動を展開しました。

台湾では、動員戡乱時期臨時条款（1948年5月施行）と戒厳令（1949年5月施行）によって臨戦態勢下に置かれました。中華民国憲法は事実上停止され、国民党による強権的な政治が続き、自由な言論や人権は著しく制限されましたが、アメリカの巨額の援助もあって社会は次第に安定化し、工業は成長しました。

1970年代になると状況が大きく変わりました。1971年10月、国連総会で中華人民共和国の中国代表権を認め、台湾の「中華民国」を追放する2758号決議が通過しました。72年2月、ニクソン大統領が北京を訪問し、中米関係は緊張緩和に動き始めました。

同年9月、日本の田中角栄首相が訪中し、周恩来首相らと会談して日中共同声明が発表され、両国の国交正常化がようやく実現しました。「日本国政府は、中華人民共和国が中国の唯一の合法政府であることを承認する」ことになったのです。

台湾については、「中華人民共和国は、台湾が中華人民共和国の領土の不可分の一部であることを重ねて表明する。日本国政府は、この中華人民共和国政府の立場を十分理解し、尊重し、ポツダム宣言第八項にもとづく立場を堅持する」とされました。日本政府は、「中国は台湾も含めて一つである」ということを自分では言いたくないが、中国がそのように主張していることは十分に理解し尊重します、台湾は中国に返しました、ということです。

その後台湾は、1987年7月に戒厳令を解除し、1991年5月に動員戡乱時期臨時条款を廃止し、国民党の独裁から民主化へと大きく変化しました。

私たちは近代台湾のあゆみを、日本の統治、中国大陸や世界の動向など多面的に認識することが求められています。

● 第2章 ●
台湾問題の所在と論点を整理する
――「民意」と法的規範のせめぎ合い――

岡田　充

　米中対立の核心的争点になっている台湾問題を理解するのは難しいことです。特に難解なのは「台湾の現状」（主権と領域）をめぐる両岸の認識差にあります。アメリカ、日本をはじめ世界の大多数の国家は中華人民共和国を、中国を代表する正統政府として承認する「一つの中国政策」をとっていますが、問題を複雑にしているのは、台湾の民主進歩党（民進党）政権が「中華民国憲法」を「民主化と非中国化」によって換骨奪胎し、台湾の現状を主権独立国家と主張していることにあります。それは「一つの中国、一つの台湾」（一中一台）政策で、国際的世論から一定の支持を集めているからです。右派を中心に民進党政権を国家扱いする言動が横行しています。

　台湾問題が国共内戦の延長と、米ソ冷戦という国際政治の産物であることに異論はないでしょう。ここでは台湾海峡両岸[1]と米日の「一つの中国」認識をおさえ、台湾の現状を構成する法的拘束力と国際規範を「民主化と民意」によって骨抜きにしようとする「せめぎ合い」を浮き彫りにし、台湾問題の所在と論点整理の一助にしたいと思います。台湾総統選挙（2024年1月13日）は民主進歩党の頼清徳候補が辛勝。勝利演説で選挙結果を中国の圧力を跳ね返した「民主の勝利」と総括したことはこのせめぎ合いを裏書きしています。

1.「一つの中国」日本

　まず日本の「一つの中国」の基本姿勢をおさえたいと思います。日中両国は1972年9月、国交正常化にあたり日中共同声明[2]に調印しました。日本側は第2項で「中華人民共和国政府が中国の唯一の合法政府であることを承認する」とし、第3項[3]で台湾の地位について「中華人民共和国政府は、台湾が中華人民共和国の領土の不可分の一部であることを重ねて表明する。日本政府は、こ

の中華人民共和国政府の立場を十分理解し、尊重し、ポツダム宣言第八項にもとづく立場を堅持する」と明記しました。

日本側が「十分理解し尊重し」としたのは、「台湾を中国の一部とは認めたわけではない」との含意があるからです。他方、中国側主張を全面的に受け入れなかった理由は、当時、外務省条約課長として交渉に参加した故栗山尚一・元駐米大使の次のような回顧が明らかにしています[4]。

具体的には「台湾は中華人民共和国の不可分の一部」という主張を日本側が受け入れた場合の問題点として、①台湾への中国の武力行使が内戦の一環として正当化されかねないこと、②台湾防衛のためのアメリカ軍事行動を日本が支援する法的根拠が失われること―の２点が理由である、ということです。

ただし、「十分理解し尊重」との案文への中国側の答えは「ノー」で、栗山はそれに対し第２案として「理解し、尊重する」の後に「ポツダム宣言第八項にもとづく立場を堅持する」を加えた案文を提示した、と説明しています。

「ポツダム宣言第八項」は「カイロ宣言ノ条項ハ履行セラルベク」と書いています。そして、1943年12月1日のカイロ宣言は、米英と中華民国が「（日本が盗取した）台湾と澎湖諸島」の中国返還を明記しています。そして、「ポツダム宣言第八項にもとづく立場を堅持」と書けば「中華人民共和国への台湾の返還を認めるとする立場を意味する」と栗山は書いています。

日本はサンフランシスコ講和条約（1951年）で台湾への主権を放棄しましたが、帰属先は明示しませんでした。アメリカが、台湾に逃れた国民党政権を中国代表政権として承認していたからです。こうして台湾問題が国際政治の力関係の中で生まれたことが分かります。

また一方、日中国交正常化交渉では、「ポツダム宣言八項にもとづく立場を堅持する」との文言を入れ、台湾は中国に返還されるべきという歴史的な合意を確認しています。帰属先の明記は「中国は統一されるべき」という法的・政治的表明で示されました。

なお、栗山は同時に第八項付与の「含意」について次の２点をあげています。

第１に、台湾は中国に「返還されるべき」だが、「現在はまだ返還されていない」のだから、「台湾の現状は中国の主権が及ばない」という「法律論」。第２は、「『二つの中国』あるいは『一つの中国、一つの台湾』は認めない（台湾独立は支持しない）」ことを約束する「政治論」です。

先に、栗山が「十分理解し尊重」とした理由について、「台湾に対する中国の武力行使」の懸念をあげたと書きましたが、ある台湾問題研究者は[5]「武力によって台湾を統一するようなことがあれば、これを中国の国内問題とはみなさない」[6]のが正常化交渉以来の日本政府の立場、と書いています。そして、その論拠としてこの研究者は、大平正芳外相が正常化直後に衆院予算委員会で、次のように答弁したことをあげています。

「中華人民共和国と台湾の間の対立の問題は、基本的には中国の国内問題であると考えます。我が国としてはこの問題が当事者間で平和的に解決されることを希望するものであり、かつこの問題が武力紛争に発展する可能性はないと考えております」

大平外相が「平和解決」を希望しているのは鮮明だが、この発言が「武力によって台湾を統一するようなことがあれば、これを中国の国内問題とはみなさない」という立場表明と見るのは拡大解釈だと思います。

大平外相はここで「（台湾問題は）基本的には中国の国内問題」と明確に表明しています。また、平和的解決については「武力紛争に発展する可能性はない」と、当時の情勢判断を述べているにすぎません。この発言から、「武力統一すれば中国の国内問題とはみなさない」という論理を見つけるのは困難です。

日中共同声明の第6項[7]は「日本国および中国が、相互の関係において、すべての紛争を平和的手段により解決し、武力又は武力による威嚇に訴えないことを確認する」と書いています。しかし、これは台湾武力解放について述べたのではなく、日中および国際紛争の平和的解決を主張し確認した内容です。

この点については、米政府が上海コミュニケで「中国人自らによる台湾問題の平和的解決についてのアメリカ政府の関心を再確認する」と書かれているのに対し、日本の武力統一反対への意思は明示されていません。

以上が「一つの中国」に対する日本政府の法的、政治的立場です。日本の政権与党中枢にいる麻生太郎元首相が、「台湾有事」で「戦う覚悟」[8]が求められていると公言したのは、日中共同声明に明らかに違反するものです。

2.「一つの中国」アメリカ

　次はアメリカの立場です。中国側はバイデン政権による「台湾有事」扇動の目的を「一つの中国」の空洞化と見ています。バイデン大統領は「私は独立を推奨しないが、台湾が独立するかどうかは、台湾人自身が決定する」と述べ、「自決論」にもとづく「独立容認論」[9]を展開したことがあるからです。

　米政権の「一つの中国」についての公式の立場[10]は、台湾への防衛兵器供与をうたった「台湾関係法」と兵器売却に関する「6つの保証」および米中の「三つのコミュニケ」にあり、バイデンはそれに加え、「一つの中国」政策に変化はないと、述べています。

　このうち1972年の「米中上海コミュニケ」は「アメリカは、台湾海峡の両側のすべての中国人が、中国はただ一つであり、台湾は中国の一部分であると主張していることを認識している。アメリカ政府は、この立場に異論を唱えない。アメリカ政府は、中国人自らによる台湾問題の平和的解決についてのアメリカ政府の関心を再確認する」と書いています。

　しかし、「両岸の中国人」のうち現在の台湾住民の6割強[11]が自らを中国人ではなく「台湾人」と認識しています。70年以上も分断統治が続けば当然の帰結かもしれません。台湾の各種民意調査によれば、中国との統一を望むのはせいぜい10％にすぎないからです。

　しかし、バイデン政権は、コミュニケの内容を否定できません。それが米中関係の政治的基礎としての「法的規範」だからです。「両側のすべての中国人が、中国はただ一つであり、台湾は中国の一部分であると主張している」という記述はもはや「虚構」になったとしても、否定すれば米中関係の基礎を損なって、国際公約否定になります。

　一方、バイデン政権の「一つの中国」政策の骨抜きの例をあげれば、①金額・量ともに史上最大規模の武器売却、②閣僚・高官の繰り返しの台湾派遣、③軍用機の台湾の空港への離発着、④米軍艦の台湾海峡での頻繁な航行、⑤米軍顧問団による台湾での台湾軍訓練となります。「一つの中国」政策の形骸化と見る中国側主張には、十分な根拠があるでしょう。

　このような「一つの中国」を空洞化する挑発行動がなければ、「台湾有事」の切迫という状況は生まれなかったはずです。筆者が台湾有事を「つくられた

危機」と見るのは上記の理由からです。バイデン政権が期待しているのは、果たして台湾海峡の緊張緩和なのか極めて疑わしいです。「一つの中国」政策の空洞化によって、現状変更を狙っているのはアメリカ政府です。

3．「一つの中国」両岸

次に両岸の主権認識です。台湾の基本法である「中華民国憲法」は、蒋介石率いる国民党が大陸を支配・統治していた1947年に成立しました。2年後の1949年に国民党は国共内戦に敗れ台湾に逃れましたが、中華民国憲法が今も台湾の基本法となっています。

「中華民国憲法」は1988年にスタートする李登輝体制下の1991年、台湾本島、澎湖、金門、馬祖以外には統治権は及ばないとするなど7回修正されています。しかし、憲法上の領域と主権には中国大陸が含まれ、「一つの中国」を前提につくられている事実に変わりはありません。

中華民国を否定し「台湾共和国」を建国して独立するのは、現在の国際政治の枠組みの下では不可能です。「現状変更」になり台湾の「後ろ盾」であるアメリカや日本も支持しません。そこで蔡英文総統は2020年10月の「建国記念日」演説[12]で、「中華民国」ではなく「中華民国台湾」という「名称変更」を提起しました。これは法的変更ではなく政治用語です。また、台湾外交部は変更の意味について[13]「中華民国台湾は主権を有する独立した民主国家であり、主権は2350万人の台湾人民に属する」という解釈を提示しています。現在の頼総統もこれを踏襲しています。

その後、蔡英文総統は「中華民国台湾」について、①自由民主の憲政体制、②中華民国と中華人民共和国は互いに隷属しない、③主権への侵犯と併呑を許さない、④中華民国台湾の前途は台湾の全ての人民の意志に従わなければならない―を「四つの堅持」[14]として2021、2022年の「国慶演説」でも繰り返しました。この「主権認識」こそ中国が蔡政権を「独立勢力」とみなす論拠です。特に④は独立を容認する「自決論」です。

「中華民国台湾」は、「一つの中国」にもとづく「中華民国」とは異なり、台湾が実効支配している台湾領域のみで主権を有する「国家」という認識です。「中華民国」という「一つの中国」を前提とする「憲法」を対外的に主張した

のでは、「中国の主権は台湾に及ぶ」という北京の主張には対抗できない、という含意があります。

　この「現状」認識を中国側はどう見ているのでしょうか。中国政府が2006年4月26日付で発表した「"台独"と"独台"」を見ましょう。この文章は、「現在の（台湾の）統治権は中国大陸には及ばない」との口実から「中華民国は台湾の主権独立国家である」と主張し、「両岸の一時的分離状態の固定化、"合法化"、永久化を意図」しているものとみなしています。

　また、すでに主権独立国家になっているという主張を意味する「独台」は、「当局が推進する分離主義路線であり、『台湾独立』と本質的な違いはない」と見ています。北京からすると、李登輝が1999年に提起した「両国論」や陳水扁の「一辺一国」論、蔡英文の「中華民国台湾」は、台独の「亜種」としての「独台」になります。北京の反台独の批判は頼政権に対しては「独台」に力点が移る可能性があります。

　最後は北京の主権認識です。「台湾白書」は、中華人民共和国成立を「国際法上の主体が変わらない中国の政権交代」として、「中華人民共和国政府が台湾への主権を含む中国の主権を完全に享受、行使するのは当然」と書いています。台湾の「主権」は、「中華民国の継承国家」である中華人民共和国に移ったという認識です。

　この認識にもとづき、北京の各種公的文書は「（台湾との）統一は実現していないとはいえ、中国の主権と領土は分割できない」と書き、台湾の領土・主権は中華人民共和国に移ったという認識を鮮明にしています。

4.「現状」の論点

　そこで「台湾の現状」に関する論点整理をします。その第1は「内戦の延長」。中国は2005年に採択した「反国家分裂法」第3条[15]で「台湾問題は中国の内戦によって残された問題」と規定しています。両岸が休戦協定や平和協定を結んでいない以上、法的にはまだ内戦状態が継続しているとの認識です。

　したがって台湾への武力行使について北京は「内戦の延長」という論理を用いる可能性があります。栗山懸念は消えていないのです。内戦終結のためには両岸の法的、政治的合意が必要になります。そのため、習近平主席は2013年

10月、インドネシア・バリ島で開かれたアジア太平洋経済協力会議（APEC）首脳会議の際、台北代表の蕭万長元副総統との会談で両岸の政治協議開始を求めています。

　これを受けて両岸当局は2014年2月、両岸の主管部門の閣僚会談を開始しています。しかし内戦をめぐる政治協議には至っておらず、「敵対関係」の終結をうたう「平和協定」はまだありません。台北側も李登輝、陳水扁は政治協議を主張してきました。

　内戦についての台北側の立場はどうでしょうか。中華民国は1948年5月、国共内戦の開始に伴って総動員態勢と戒厳令を敷くため「動員戡乱時期臨時条款」を導入して憲法の効力を停止しています。当時の李登輝総統は1991年5月にその「臨時条款」を廃止しました。ただこれをもって台北側が一方的に「内戦終結」を主張するのは無理があります。双方の合意がないからです。

　第2論点は、李登輝時代から加速した「民主化、非中国化」という内政上の変化の適法性です。台湾人意識が強まり統一を希望しない圧倒的多数の民意は「一つの中国」を前提にする「法的規範」を崩すことができるからです。

　台湾の地位と将来は2400万人の台湾人が決めるのか、それとも「一つの中国」にもとづき14億人の中国人全体で決めるのか、というテーマでもあります。台湾では、「台湾人アイデンティティー」が強まり、将来については「統一」でも「独立」でもない「現状維持」が主流民意になっています。ただその「現状」の定義は曖昧です。日本を含む多くの国の世論もまた、現状についての定義のない曖昧な「現状維持」を支持します。ただその「現状」を蔡英文前総統が主張する「中華民国台湾」で置き換え可能かという問題です。

　台北を縛る「法的規範」の具体例をあげたいと思います。蔡英文前総統は2016年5月20日総統就任式に臨んだ際、「三民主義をわが党の宗とする」という歌詞で始まる「中華民国国歌」を唱和しました。これは元来国民党歌のため民進党員の多くは唱和を拒否してきました。しかし、中華民国憲法にもとづいて当選した蔡英文は拒否できません。

　就任式では孫文の肖像画に向かって総統は手をあげ宣誓しなければなりません。そして、「中華民国国旗」の左上の太陽に似たロゴマークは国民党の党章です。これは何を説明するのでしょうか。「中華民国」とその憲法は、国民党の一党独裁下でつくられたものです。頼清徳現総統も就任式で孫文の肖像画と

「中華民国国旗」に向かって手をあげて宣誓しました。

　李登輝総統は「民主化、非中国化」を加速しましたが、30年以上経た今も、「一つの中国」を前提とする中華民国憲法と、国民党一党支配時代の「法的規範」は生き続けています。否定すれば「現状変更」になるからです。両岸関係は国際関係ではありませんが、双方および米日など関係国は、国際法に準拠して「現状維持」の規範を守らねばなりません。

5．争点整理

　統一を前提にした「一つの中国」の立場に立てば、一地方の民意は、国家の法的規範を超えることはできませんし、国家間の国際的規範を無視することは許されません。そこでアメリカのバイデン政権が「台湾有事」を煽って以来の台湾問題をめぐる日米の政策および台北と北京の争点を整理して緊張緩和に資する条件を探りたいと思います。

■「一つの中国」の空洞化によって現状変更を狙っているのは米政府であり、バイデンの「自決論」支持発言は、上海コミュニケに違反しています。

■麻生太郎元首相は、「台湾有事」で「戦う覚悟」[16]が求められていると公言したのに続き、2024年1月には「台湾有事は必ず起き日本の存立危機事態になる。台湾に戦ってもらわなければ台湾にいる日本人を救出するのは非常に難しくなる」と発言[17]しました。政府当局者ではないが与党中枢の権力者が、紛争の平和的解決を規定する日中共同声明および日中平和友好条約に違反する発言をするのは失当です。

■「台湾共和国」を建国し独立するのは、現在の国際政治の枠組みの下では不可能です。それは明白な「現状変更」であり、台北の安全保障上の「後ろ盾」のアメリカや日本も支持しません。蔡英文の「中華民国台湾」という言い方は、「主権は2350万人の台湾人民に属する」としており「独台」の主張となっています。

■台湾はつまるところ、中国を軍事的に抑止するための日米の「カード」となっています。台湾海峡の安全は、アメリカの安全保障とは直接の関係はありません。台湾をめぐり米中間で不測の事態（台湾有事）が発生しても、アメリカはウクライナ同様台湾に派兵せず、「代理戦争」をさせる可能性[18]が

高いと思われます。米軍部は部隊の小規模・分散展開を中心とする海兵隊の「遠征前方基地作戦（EABO）」を運用するため、2025年までに海兵隊を離島防衛に即応する「海兵沿岸連隊」に改編します。これも「代理戦争」の伏線と考えられます。

■アメリカは不測の事態が発生した場合、台湾海峡における中国軍との戦いを主要には自衛隊に期待します。しかし、集団的自衛権の行使にあたっては、自衛隊が参戦できる法的枠組みの一つ「存立危機事態」の認定・発動には1週間から10日以上もかかるとされ、即応体制は整っていません。

■「新聞通信調査会」（2022年11月）の調査によると、「自衛隊が米軍とともに中国軍と戦う」に「賛成」は22.5％と、「反対」74.2％を大幅に下回り、「戦う覚悟」はありません。日本人にとっても台湾は「日本防衛の生命線」とは言えず、「対中抑止のカード」の側面が強いものとなっています。

■力による統一に果実はありません。統一は経済的利益だけでなくどのような利益を台湾人にもたらすか、北京には台湾人を引き付ける「ソフトパワー」が必要となっています。

6．緊張緩和提言

　台湾問題に関する米中関係に変化が表れています。緊張緩和に向けて、「中国軍が台湾への攻撃を控える限り、台湾は独立や恒久的な分離を追求しないと保証すべき」とする提言が、アメリカの台湾研究者から出始めています。

　2023年11月15日、米サンフランシスコで開かれたバイデン・習首脳会談以来、台湾をめぐる米中確執のニュース量がめっきり減り、首脳会談効果が表れたように見えます。米中は2024年1月8～9日、ワシントンで防衛政策調整協議を2年ぶりに開催し、国防相対話もテーマに上りました。首脳会談は、衝突回避に向け「一時休戦」の黙約ができたと見てよいと思われます。バイデン政権にはロシア・ウクライナ戦争、イスラエル・ハマス衝突に加え、「台湾有事」の「三正面」に対応できる能力はありません。

　今後ウクライナ、中東情勢が米側に有利に変化する展望はありません。二つの衝突が米外交の「与件」であり続ける限り、「三正面作戦」に対応できないバイデンは、中国との休戦継続を望むはずです。特に、大統領選挙が近づいて

いるからです。

　前述した提言は、米歴代政権の台湾政策に影響力を及ぼしてきた台湾研究者ボニー・グレーザー氏（ジャーマン・マーシャル基金）ら３人の研究者が、米外交誌『フォーリンアフェアーズ』（November 30、2023）[19] に発表したものです。グレーザーは、バイデン政権、蔡英文政権とも良好な関係にあり、身内からのアドバイスとなっています。

　バイデン政権は、日本・韓国・オーストラリアの同盟国とともに、対中「統合軍事抑止戦略」を展開してきました。「軍事的抑止」とは「軍事力によって相手の行動を事前に抑え込む」ことを意味します。提言は「軍事抑止」だけに頼る思考を批判し、米中台三者がそれぞれ互いに「安心」を供与することによって、初めて「軍事抑止が効果を発揮できる」と見るものです。

　提言を三者が受け入れる可能性は極めて低いですが、「一つの中国」という国際的規範を維持したまま、台湾海峡の軍事衝突を低減させる案の一つとして一考に値します。そのエッセンスは次のようなものとなっています。

■台北に対し、「中国軍が台湾への攻撃を控える限り」「台湾は独立や恒久的な分離を追求しないと保証」との注目すべき提言をしています。「恒久的な分離を追求しない」とは、統一を拒否する台北に「統一の可能性を否定すべきではない」という意味です。それは「一つの中国」を踏まえていることを示しており、両岸が受け入れられるリアリティーを高めています。頼清徳総統には「党綱領の中の独立条項を停止することを検討すべき」と提言しています。

■北京に対しては、「平和統一方針の信頼性を高める」ため、2005年の「反国家分裂法」で、台湾への武力行使の第３の条件「平和統一がもはや不可能であると認識した場合」という「曖昧規定の改訂」をあげたのが注目されます。

　蔡英文政権の「現状維持」政策を北京は「分断分治」を固定化し、「平和統一が不可能になる」とみなしていました。現状維持を「平和統一の可能性が完全に失われた時」と判断するのは北京ですので、グレーザーらは北京の恣意的解釈で武力行使が行なわれるのを懸念しているわけです。

■提言を受けたわけではないものの、「アメリカに台湾独立を支持しないことを誓約」させたうえで、中国も「台湾へ武力行使しない」との約束をすべき

とする中国学者もいます。この学者は筆者に対し「武力行使を否定しない」との政策は、中国世論向けの側面が強いとし、武力行使の否定によって、①アメリカの台湾への武器供与を停止させ得る、②台湾を東アジアの火薬庫にしないことに資する――というメリットをあげています。この学者は提言を共産党中央にも進言したといいますので、グレーザー提言が米政策の変更につながる可能性と併せ、中国側の動向も注視したいと思います。

　中国側が提言に応じ「政策変更」を公表する可能性はゼロに等しいです。ただ、①台湾「封鎖演習」はしない、②中間線を突破する戦闘機、軍艦の頻度を減らす、③「平和統一の可能性が完全に失われた時」について言及しなくなる――などの言動の変化から、提言の一部を事実上容認しているサインを出す可能性は否定できません。

　多くのメディア報道は中国問題になると「チャイナ・バイアス（対中偏見）」のスイッチが入り、誤った認識が「ボタンのかけ間違い」のように世論で台湾有事のリアリティーを増幅してきました。日本のアジア侵略をメディア扇動と民衆が後押した歴史を繰り返してはなりません。

　日本政府は菅義偉政権以来、バイデン政権とともに日米安保を「対中同盟」に変え、台湾有事に向けた日米統合戦略を推進してきました。一方、米中間には台湾をめぐって微妙な変化が出始めています。外務省は、キッシンジャー元米国務長官の工作で実現した米中和解が、日本の頭越しで行なわれたことを今も対米外交の屈辱として忘れていません。

　日本の安保政策で重みを増す台湾政策で、アメリカが日本の頭越しに政策転換するのは日本政府にとって「悪夢中の悪夢」です。中国は日本の将来のあり方を左右する隣人です。対中関係改善をおろそかにしてきた日本政府は、新たな改善に向け「プランＢ」を早急に準備しなければなりません。

注
1．台湾海峡両岸関係について、日本では「中台関係」と呼ぶのが一般的だが、1980年代から始まる双方の経済関係や人的交流は、「一つの中国」の枠組みを前提にしています。「一つの中国」の「中国」とは、北京政府からすれば、中華人民共和国であり、台北政府にとっては「中華民国」だから齟齬が生じます。そこで双方は政治的対立を避けるため地理的用語の「両岸関係」という用語を使っています。
2．「日本国政府と中華人民共和国政府の共同声明（1972年9月29日）」〈https://

www.mofa.go.jp/mofaj/area/china/nc_seimei.html〉

3．同上

4．栗山尚一「台湾問題についての日本の立場－日中共同声明第三項の意味－」IIA - 日本国際問題研究所、2007年10月24日〈https://www.jiia.or.jp/column/column-141.html〉

5．福田円「『台湾海峡の平和と安定』をめぐる米中台関係と日本——動揺する『1972年体制の含意』」「外交」vol.74、Jul./Aug.

6．福田同上86頁上段

7．日中共同声明に同じ

8．「自民 麻生副総裁 "『戦う覚悟』が地域の抑止力に"台湾で講演」NHK：台湾、2023年8月8日〈https://www3.nhk.or.jp/news/html/20230808/k10014156921000.html〉

9．岡田充「バイデン大統領『台湾独立容認』ポロリ発言。それでも『なぜか』中国と台湾が静かな理由」*Business Insider Japan*、2022年9月27日〈https://www.businessinsider.jp/post-259782〉

10．「国家安全保障戦略2022」whitehouseHP、2022年10月、Biden-Harris Administration's National Security Strategy.pdf〈whitehouse.gov〉

11．國立政治大學選舉研究中心 - 臺灣民眾臺灣人／中國人認同趨勢分佈（nccu.edu.tw）

12．「蔡英文演説」台湾中央広播電台、2020年10月10日、双十国慶節演説、蔡・総統「主権と民主を堅持、両岸関係の安定を維持」- ニュース - Rti 台湾国際放送

13．「中華民國台湾」中華民国外交部HP、2021年3月21日、中華民國是一個主權獨立的民主國家，只有台灣人民有權決定台灣的未來〈mofa.gov.tw〉

14．「蔡総統が国慶節で演説、『四つの堅持』と台湾海峡両岸の平等な対話訴える『四つの堅持』」*Taiwan Today*、2021年10月12日〈https://jp.taiwantoday.tw/news.php?unit=148、149、150、151、152&post=209026〉、『政治協議』第41号 2013.11.11発行（weebly.com）

15．「反国家分裂法（全文）」中華人民共和国駐日本国大使館〈http://jp.china-embassy.gov.cn/jpn/zt/www12/200503/t20050314_1988153.htm〉

16．「自民 麻生副総裁 "『戦う覚悟』が地域の抑止力に"台湾で講演」NHK：台湾、2023年8月8日〈https://www3.nhk.or.jp/news/html/20230808/k10014156921000.html〉

17．「中国、麻生氏発言に反発 台湾巡り『強烈な不満』」産経ニュース（sankei.com）、2024年1月10日〈https://www.sankei.com/article/20240110- 7 SPJ 4 DJJ35MJJDCIY 2 ZWDFH 5 OM/〉

18．岡田充「自分たちで守れ？ 台湾有事でも派兵しない米国」東洋経済ON LINE、2022年5月21日〈https://toyokeizai.net/articles/-/590552〉

19．https://www.foreignaffairs.com/taiwan/taiwan-china-true-sources-deterrence?utm_medium=newsletters&utm_source=twofa&utm_campaign=Taiwan%20and%20the%20True%20Sources%20of%20Deterrence&utm_content=20231201&utm_term=FA%20This%20Week%20-%20112017

● 第 3 章 ●

台湾問題を経済的視野からとらえる

山本恒人

はじめに

　1970年代以降ほぼ半世紀に及ぶ相対的に安定した米中関係は、いま激変期を迎えています。アメリカが日本など同盟国とともに推進しようとしている「インド太平洋戦略」とは、端的に言えばアジアにあって政治的にも経済的にも中国を排除することを中心においています。このような方向性は、ASEANが進めようとしているAOIP（ASEAN・インド太平洋広域協力構想）が示す平和的・多国的・包摂型協力主義とは対照的なものです。

　半世紀にわたる長期安定が維持されてきた米中関係を、アメリカはなぜいま、敵対的、分断的、排除的な関係に転換したのか、そしてその際になぜ台湾問題が焦眉の問題として浮上してくるのか、これは解明されなければならない大きな課題となっています。

　アメリカの政策転換との関係で台湾問題が浮上するのですが、実は日本の世論調査では様相がかなり異なります。「言論NPO」の2023年調査の項目に「台湾海峡で高まる緊張の原因はどこにあるのか」があります。それに対する回答では、中国59.0％、アメリカ3.6％、日本0.7％、アメリカと日本1.2％、台湾1.4％、分からない33.1％、無回答1.0％と、日本世論では圧倒的多数6割の人びとが台湾海峡緊張の原因は中国にあり、と思っているのです。それゆえこの章では改めて、中国が台湾との関係をどのように考え、どのような台湾政策を進めているのかを、見ておく必要があります。

1．アメリカの対中国政策の転換 ──「関与・融和」から「分断・包囲」へ

ニクソン大統領が切り開いたアメリカの対中「関与政策」の新天地

「世界を変えた握手」（『日本経済新聞』2022年2月21日）

写真は1972年2月現役の米大統領として北京を電撃訪問し、毛沢東主席と握手するニクソン氏です。ベトナム侵略戦争に行き詰まっていたとはいえ、東西冷戦構造の下での東側陣営の一方の雄中国への訪問は世界を驚かせました。アメリカは60年代ケネディ大統領の「中国封じ込め」政策を推進し、ソ連との間では「平和共存」政策が目立っていた時代のことです。ニクソンは1967年、すでに「長期的にみて、我々は中国をこのまま孤立させておくわけにはいかない。我々のゴールは中国に変化を誘発することにある」（「フォーリン・アフェアーズ」誌）と論じており、72年北京電撃訪問の7年後1979年1月には米中国交正常化（当時大統領はカーター）を実現しました。このように、中国と何かにつけて積極的に関わり、融和することによって「信頼関係」を築く長期政策については「対中関与政策」と称されています。

米中国交正常化の直前、中国は改革開放政策を決定し、それまでの「計画経済」に替えて、後に「社会主義市場経済」として体系化される市場経済の導入に踏み出しました。国際的な孤立化政策を受けて不安定時代が長かった中国はアメリカとのいわば「和解」という絶好の国際的安定条件を確保できたのでした。鄧小平は「韜光養晦…才能をふりかざすことなく力を蓄える」姿勢の強調によって「関与政策」に共振共鳴しつつ、改革開放40年、国民を経済発展に集中させることができました。国際関係の安定が中国にもたらした発展空間に

おける巨大な経済的成果については、林毅夫・北京大学教授が表１のようにまとめています。また同教授はこの成果を元に、中国は今後年平均５〜６％の成長を維持することによって2030年にはGDP総額で

表１　中国：改革開放期40年の実績

期間（年度）	GDP総額	成長率
1980〜2020年		平均10%
1980	3029億ドル	
2007	独・抜いて世界3位	
2010	日・抜いて世界2位	
2020	約14兆7300億ドル	
改革・開放40年		50倍化

（資料）林毅夫北京大学新構造経済研究所所長
（出所）「東方新報/AFPBB News」2021.3.3

アメリカを超え、2035年には１人当たりGDPでも2020年実績比２倍化（２万3000ドル）を達成できるとしています（参考：比較可能な2021年の１人当たりGDPは中国１万2392ドル、台湾３万5244ドル）。

　1972年の日中国交正常化、79年の米中国交正常化は東西冷戦構造の中でねじれた中華人民共和国と諸国との関係を「一つの中国」原則のもとに正常化していくという、国際法上の枠組みを提供するものとなりました。それは「中華人民共和国は中国を代表する唯一の合法政府」の承認と、「台湾は中華人民共和国の領土の不可分の一部」の尊重とを定式化しており、「一つの中国」原則は、どの国との関係においても「前提条件であり、基礎となる」ものとされています。中国にとっては、この「一線を越える行為は断じて許されない」レッド（忍耐）ラインであり、台湾問題は中国の国家主権と領土的一体性に関わる核心的な問題とされているのです。

トランプ政権末期に始まる対中政策の根本的転換（関与からデ・カップリングへ）

　トランプ政権は米中貿易の急増にともなう対中貿易不均衡問題に焦点を当て、対中不信を煽り、最大25％の追加関税による輸入制限措置を実施したり、半導体製造装置など最先端技術の対中禁輸や中国の先端企業排除を強行して、政治的、軍事的な緊張さえ辞さないようになりました。こうして政権末期の2020年７月23日、ポンペオ米国務長官はわざわざニクソン元米大統領記念図書館前で「共産主義中国と自由世界の未来」と題して演説、約半世紀前にニクソン大統領らが進めた対中関与政策を根本的に転換することを宣言したので

す。その内容は「ニクソン大統領が望んだ変化は、中国には訪れなかった」、「…いま我々が屈従すれば、子孫の世代には自由な世界に対する根本的な挑戦者たる中国共産党のなすがままになってしまう」、「…今後、米中間の対立は単なる貿易や金融、知的財産などといった個別領域に限定されたものではなく、価値観の異なる中国との全面的な対決、すなわち冷戦期のイデオロギー対立に類似した世界となる」というものです。それは共和党とか民主党とかの党派を越えて、一国の根本政策にかかわる軍産複合体あるいは総資本の意志というものを想起させる決然として厳しいものでした。

対中政策の根本的転換を迫った本質的な出来事とは何か、今後の検証がなお必要なことをお断りしたうえで、表2を見ることにしましょう。これはポンペオ演説の2カ月前に世界銀行が公開した重大情報です。すなわち世界銀行は「中国のGDP（総額：購買力平価換算）はすでに2017年にアメリカを追い越した」という統計的事実を公開したのです[1]。

この表とは別の資料から2022年の数値例を紹介しますと、2022年GDP総額は次のようなランクとなります。購買力平価ベースでGDP世界1位は中国の30兆2160億ドル、2位アメリカ25兆4645億ドルとなり、中国GDPはアメリカを5兆ドル弱上回っており、日本は4位6兆1389億ドルで、インドに3位を譲っています。この事実は第二次大戦後、一極覇権の優位性と利益を謳歌してきたアメリカの権力基盤に衝撃を与え、その危機意識がトランプからバイデンへの政権移行にも引き継がれ、トランプの一国主義からバイデンの同盟国を巻き込んだ激しいデ・カップリング（分離と包囲）へと転回しています。

新興国が勃興する中で生じる覇権国の危機意識や両国間の緊張が戦争を不可避にしていく状態を「トゥキディデスの罠」といいますが、これになぞらえてアメリカの国際政治学者グレアム・アリソンは過去500年の歴史を紐解き、新興国が覇権国を脅かした事例16件のうち戦争を回避できた

表2　中国のGDPは物価の差を調整するとアメリカを逆転

（出所）フローニンゲン大学、世界銀行、IMFを基に作成。基準法が不連続の部分は伸び率で接続、20年以降はIMF見通し
『日本経済新聞』2021年8月30日付

のは４例にすぎないと「米中戦争前夜」を警告しています。まさにバイデン政権が日本はじめ同盟国を巻き込んで、中国を標的に展開する軍事・安全保障体制の攻撃的強化・拡大、経済安全保障と称する禁輸・サプライチェーン切断強行は戦争前夜を思わせるものがあります。

対中政策の根本的転換の舞台こそアメリカ発「台湾有事」

　アメリカはなぜ、対中関係を関与的、和解的、融和的、協調型の関係から、分断的、敵対的、排除型の関係に転換したのか、そしてその際になぜ台湾問題が焦眉の問題として浮上してくるのでしょうか。本書第２章で岡田充氏はこの点に鋭いメスを入れて分析されています。自明のこととして改めては説明されていませんので、私がその点を補足いたします。

　岡田充氏が、「台湾有事」はアメリカによってつくられるという論理構築をした際に最も重視された根拠は、2022年９月アメリカ上院外交委員会で「法案」として可決された「台湾政策法」です。この法案はまだアメリカ上下院議会で可決されたものではなく「法案」のままであり、実施可能な一部が2023年度予算に組み込まれ、その時点で「台湾政策法」案は「台湾強化弾力法」案に名称変更しているようです。「台湾政策法」の内容：１．台湾政府に同盟国として外交特権を付与＝一つの中国原則放棄。２．台湾に対する従来の防衛的兵器供給から攻撃的兵器供給に拡充し、作戦計画、訓練も実施する（軍事費援助４年間に45億ドル、〈約6000億円〉）。法案の立案は超党派で行なわれており、「軍産複合体」深部での所産とみなすことができます。これが成立すれば、「一つの中国」原則は放棄されるに等しく、中国の不可分の一部としての台湾という一地域がアメリカの法律によって中国から剝離（はくり）され、中国とは別の国家として存立することになるわけです。それは外国による中国の主権・領土一体性そのものの否定に等しく、これを許せば軍事衝突は必至となるでしょう。アメリカが台湾に供与する兵器に攻撃用兵器が追加されたことと併せて、極めて危険な法制化の動きと言えます。

　アメリカが描くシナリオは、危機にある一極覇権を維持するために中国を挑発し、それに過剰反応して中国が軍事行動に出る、その中国を同盟国や周辺を巻き込んで叩き、中国の国際的威信を地に落とす、というものです。2022年末、岸田政権はいち早くアメリカに追随し、東アジアにおける軍事衝突に即応

できる「安保三文書」を閣議のみで策定し、「敵基地反撃能力の保有」をかかげ、次々に予算措置を講じてきました。それにともなって、三菱、川崎、IHI（旧石川島播磨を母体）重工三社はじめ防衛・航空・宇宙産業の急拡大、兵器輸出解禁などが「専守防衛」の枠を大きく超えた展開を見せています。

2．台湾をリスペクトする中国

「台湾海峡の緊張の原因は中国」と断定しうる事実は存在しない

　本章の冒頭「はじめに」では、「台湾海峡の緊張の原因」について日本の世論ではほぼ6割が「中国」と答え、「アメリカ」、「日本」、「アメリカと日本」と答えたのがわずか5.5％にすぎず、「台湾」という回答も1.4％にすぎないという「言論NPO」の世論調査結果が紹介されました。続いて、アメリカの半世紀に及ぶ融和的で協調型の対中国政策が敵対的で排除型の政策に大きく転換しつつあること、その転換がアメリカの世界一極支配を中国が揺るがす存在となったことと関わっていることも指摘しました。そして、このような政策転換は米中、日中間の国交正常化を支えた「一つの中国」原則と抵触する中国と台湾との分断、言い換えれば「二つの中国」を想定するような局面を生み出しています。2022年8月のペロシ米下院議長（当時）、23年8月の麻生自民党元総理の公式台湾訪問はその象徴となるものでした。中国にとっては、このような事態は主権と領土の一体性という「核心的利益」が外国側から脅かされることにほかなりません。その行きつく先は「軍事衝突」の危険であり、これこそが「台湾有事」というべきなのです。

　日本の政府見解やメディアの報道では、「台湾有事」とは中国が武力で台湾を大陸に組み込むことというのが当たり前のように前提とされています。そもそも「中国の2027年台湾武力侵攻」説をまことしやかに吹聴し始めたのはアメリカのバーンズCIA長官なのです。習近平第3期政権2022～27年が終わる次期共産党大会開催年2027年に台湾武力統合を完成させる、この言説が日本政府や報道機関の情勢判断を支配しているのです。アメリカの「常識」にもとづいて『ニューヨーク・タイムズ』がインタビューした際、台湾の蔡英文総統（当時）は「中国の指導部は国内問題に『圧倒』されているため、今は台湾

への大規模侵攻を考える時では恐らくない」(『ロイター』2023.11.30、『讀賣新聞』2023.12.1) と答えているように、海峡の対岸当事者の方がはるかに冷静に情況を見ています。

中国の台湾政策の原点は台湾へのリスペクトにある

　1979年1月1日の米中国交正常化の日、アメリカと台湾は断交状態に入り、ワシントンから「中華民国政府」大使館が、台北からはアメリカ大使館がそれぞれ撤収しました。そして同日、中国全国人民代表大会常務委員会は「台湾同胞に告げる書」を台湾および世界に向けて公開発信しました。その主旨は「統一問題を解決するにあたっては、台湾の現状と台湾各界人士の意見を尊重し、情を重んじた合理的な政策と方法を採用し、台湾人民に損失を蒙(こうむ)らせない」という台湾同胞へのリスペクト（敬意）に溢れたものでした。この「台湾同胞に告げる書」で約束された「台湾特別行政区」における「高度な自治権」は、後の香港返還にあたって「香港基本法」に記載された「一国二制度」のひな型となったものですが、香港の場合より自治権は高度なものと見ることができます。例えば、「特別自治区における軍隊の保有」、「中央政府は特別行政区の地方事務に干渉しない」、「台湾の現行社会・経済制度を変えず、生活様式を変えないだけでなく、外国との経済・文化関係を変えない」、「台湾当局と各界代表は、全国的な政治機構の指導ポストにつき、国政に参与できる」などに言及しています[2]。

　上記のように、統一が実現した後の台湾官民の立場に立ち切った大胆な措置や細やかな配慮は、どうして生まれてきたのでしょうか。それは日本が日中戦争と第二次世界大戦に敗戦し、植民地台湾が独立した後に歩んだ、苦難を克服しつつ、創造的に切り開いてきた社会経済発展の努力と成果に対する高い評価にありました。第二次世界大戦後に独立を果たした旧植民地国は経済的自立をめざして、工業化による生活財、生産財の自国生産を追求しました（輸入代替型工業化）。台湾をはじめ工業化の進展がありましたが、国内市場は狭く、海外市場での競争力もなく、直ちに壁にぶつかります。これが1960年代に国際問題となった「南北問題」（北の豊かな先進国と南の貧しい後発国との経済格差は解消されないという問題）です。

　この壁を打ち破ったのが、世界銀行が『東アジアの奇跡—経済成長と政府の

役割』(1993年報告書)で21世紀の成長センターとなると評価したNIES(シンガポール・香港・台湾・韓国)、ASEAN(当時シンガポール・マレーシア・インドネシア・タイ)の東アジア諸国でした。世界銀行は、これら東アジア諸国が1960～85年の四半世紀に1人当たりGDPの成長において世界の先進国を含む60カ国中上位20位内に立ち、中でも台湾が世界のツー・トップとなっていることを示したのです。世界銀行は同著で成功の基本要因として、輸入代替型成長から輸出志向型成長への移行、強力な国家リーダーの存在（開発独裁・公共の確保）、勤勉・節約・教育熱心な国民性をあげています。開発経済学の世界では、「後発の利益」（後発国は先発国が開発した新しい技術を導入しながら工業化を推進するため、その技術進歩は潜在的には急速であり、それゆえ経済成長率も先発国を上回る）と言われる経験則です。ただし、それはあくまで潜在的なものであって、その実現には後発国（経済開発主体）の受容・消化能力の有無が問われます。後発国の政府がリーダーシップを発揮し、経済官僚の育成や開発プログラムの策定、技術人材の育成や企業の誘導に努めることが不可欠となるのです。それゆえ世界銀行は「東アジアの奇跡」という報告書名の副題に「経済成長と政府の役割」を選んだのでしょう。

　後発国のいわば「大きな政府型資本主義」の成功例が第二次大戦後の日本の高度成長であり、それに次ぐ1970年代のNIES（台湾・香港・シンガポール・韓国）における開発独裁型高度成長です。中国の成功はこれらの歴史的経験の延長線上にあって、1980年代以降、強度の集権（開発独裁）と民間の活力との弾力的な配合が「市場原理」の導入によって実現され、米中関係の好転という国際的安定条件もあいまって「経済大国化」を達成し、21世紀の半ばまでには「先進国化」を展望できる地点に到達したのです。それでも前記（33頁）したように「1人当たりGDP」で見た経済的実力では中国は台湾の2分の1にすぎません（2021年）。また日本がバブル崩壊後「失われた30年」を漂流している間も、NIES諸国は持続的成長を遂げてきており、「1人当たりGDP」で日本は台湾に追い抜かれた（2022年予測）と指摘されています（富山篤、田中顕「1人当たりGDP、2022年日台逆転」『アジア経済中期予測』〈日本経済研究センター、2022年12月14日〉)。こうした実績と発展展望をもち合わせる台湾経済とそれを機能させる人財およびハード、ソフトのスキルを、中国が武力侵攻で台無しにすると発想することこそ非経済学的妄想と言わざるをえ

ません。

台湾との平和的統一の青写真「共同生活圏構想」がスタート

　2023年9月中国共産党と国務院は、中国と台湾の平和的統一を促進する具体的措置の一つとして、福建省海岸部に「中国と台湾の融合的発展のための新モデル地区」を建設することを承認しました（『人民日報』2023年9月13日）。とりあえずは、福建省厦門市とすぐそばに位置する台湾領金門島、および福建省福州市平潭と台湾領馬祖島の2カ所が先行モデル区とされ、やがて福建省全域に拡大されることになります。

すでに明らかにされている構想は次の通りです。
　〔「融合的発展区」を支える生産・生活・社会インフラの整備〕
＊厦門—金門間（2キロ）の海峡大橋で鉄道・道路を開通させる。
＊福建省（平潭）と台湾本島間の台湾海峡（最大200キロ）は地下トンネルを建設、新幹線で台北—北京間を直行させる。
　〔「融合的発展区」の経済・社会基盤の一体化〕
＊台湾資本の進出は豊かな経験が積まれている（2010年時点で、厦門に投資している台湾企業は2800社、常駐台湾人は6万人。金門島の台湾人が購入した厦門の不動産は8000件に達している）。
＊台湾住民は中国内地と同等の扱いを受け、権利を共有する（学生の就学、台湾人の福建省での就業促進、教師・医師・看護師・弁護士・介護福祉士など公的資格の通用性確保、医療・社会保障など公的サービスの共通化）。

厦門（アモイ）旧市街（手前）と海路を挟んだ新市街。同市は改革開放初期の4大経済特区の一つ

おわりに

　筆者は故安倍晋三元総理が「台湾有事は日本有事であり、日米同盟の有事でもある」と言明するのを聞いた時（2021年12月1日）、日本の「戦争の道」が極めて現実的、具体的に示されたと直感しました。以来、「台湾有事」がアメリカによって企図され、日本の自公政権がそれに追随して日本国憲法をないがしろにしながら戦争を遂行しようとする戦略であることを検証しようとしてきました。ここに述べてきたことをもって、その責が果たせたと言うのは控えますが、ご批判をいただきながら、「新しい戦前」を拒否し、アジアとともに平和・友好・共助の道を邁進していきたいと考えています。

注
1．一般に各国のGDPの大小を比較する時は各国の通貨単位で計上されたGDPを外国為替市場における為替レートによって米ドルに換算します。円は現在円安で1ドル＝160円ですからこのレートで換算します。この場合の欠点は各国の物価水準の違いが織り込まれていないことです。仮に東京とニューヨークを想定して、東京で160円出して買える物の量は、ニューヨークの物価が東京より高い場合、ニューヨークで1ドル出して買える物の量は東京より少なくなります。中国のとくに生活用品の物価はニューヨークよりはるかに安いですから、1ドル＝7元として北京で7元出して買えるものは、ニューヨークで1ドル出して買える物よりはるかに多くなります。つまり購買力としての当該通貨の実力は外国為替市場における当該通貨の為替レートと乖離していることになります。概ねドル表示での各国通貨の実力は物価水準の違いから過小評価されていることになります。こうして為替レートで換算された中国のドル表示GDPを購買力平価で換算し直し、過小評価を是正したものが購買力平価換算のGDP（ドル表示）となるのです。

2．葉剣英全国人民代表大会常務委員会委員長の台湾の祖国復帰、平和統一実現の方針・政策に関する談話（1981年9月30日、北京）では、全9項目をあげているが、特に台湾政策として特徴的な第3〜6項目を紹介しておこう。

　第3項．国家の統一が実現してのち、台湾は、特別行政区として、高度自治権を享有することができ、また、軍隊を保有することができる。中央政府は、台湾の地方の事柄に干渉しない。

　第4項．台湾の現行社会・経済制度を変えず、生活様式を変えず、外国との経済・文化関係を変えない。個人の財産、家屋、土地、企業の所有権と合法的な相続権および外国の投資は、侵犯されない。

　第5項．台湾当局と各界代表は、全国的な政治機構の指導ポストにつき、国政に参与することができる。

　第6項．台湾の地方財政が困難に陥った時、中央政府は、情況を見て補助を与える。

● 第 4 章 ●
東アジアの安定こそ、沖縄が平和に生きる道
——南西諸島の軍事要塞化に抗して——

上里賢一

はじめに

　2024 年 5 月 3 日、憲法「改正」をめざす都内の集会で、沖縄県与那国町の糸数健一町長は「日本国の平和を脅かす国家に対しては、一戦を交える覚悟が今、問われているのではないか」と述べ、憲法 9 条 2 項に言及して「国の交戦権を認めない部分を、認めるに改める必要がある」と主張し、「台湾有事」との関連では「将来、中国の属国に甘んじるのか、台湾という日本の生命線を死守できるかという瀬戸際にある」として、冒頭の「一戦を交える覚悟」発言になったという[1]。戦前を彷彿させるような発言に慄然とさせられる。

　糸数町長の発言は、安倍元総理の「台湾有事は日本有事」[2]、麻生元総理の台湾を守るために「戦う覚悟」[3]を呼びかけたことに呼応するものである。このような勇ましい発言が出てくる背景には、日本人の中に広がる「嫌中」や「反中」感情がある。

　「台湾有事」とは何か、それがなぜ「日本有事」になり、「戦う覚悟」につながり、「一戦を交える覚悟」をしなければならないのか。その内容も明らかにされないまま、為政者は見えない魔物をつくり出して人びとを恐怖させ、それを利用して南西諸島の軍事要塞化を進めている。米中対立の原因は何だろうか。アメリカは、なぜ「台湾有事」をつくっているのか。日本がこれに追随して煽りたてる目的は何だろうか。2024 年 4 月、岸田元首相は米国議会で演説し、アメリカとの同盟を強調し「日本はアメリカとともにある」と、アメリカを鼓舞する傲慢な姿勢を見せた。岸田元総理には、中国との対話よりもアメリカとともに対抗することが優先しているようだ。

　政府や自治体の指導者のこれらの発言に触れて、沖縄戦を経験した 2 人の恩師（琉球大学教授）の言葉をかみしめている。ひとりは、鉄血勤皇隊として沖

41

縄戦に動員された大田昌秀元沖縄県知事である。大田先生は、勇ましい言葉に騙されてはならないとして、日ごろ、厳しい言葉で学生に訓戒を与えていた教師が、「沖縄が危険だとみるや、『出張』の口実で真っ先に難をのがれて日本本土に帰ってしまった」例を紹介している[4]。

　もうひとりは、ひめゆり学徒隊の教師として、教え子たちと戦場をさまよった仲宗根政善先生である。先生は、指導者の責任について次のように言う。「国を守る気概を持て、と叫ぶ者がだんだん多くなってきたが、国を守るとは、国民の生命を守ることである」、「もし有事を招いたら、為政者は、全くその資格がないのである。有事なからしめるために、全力を傾注するのが、為政者の責任であって、有事有事と騒ぎたてて、敵を想定して、国民の心に敵をつくらせる。おそろしいことである」[5]。

　「台湾有事」となれば、その影響を最も大きく受けるのは先島諸島（宮古諸島と八重山列島の総称）である。宮古島出身者として、国の進める「住民保護」・「避難訓練」、「抑止力」などの政策に対する素朴な疑問を述べ、沖縄と台湾との歴史的関係をたどり、そこからアジア諸国との友好交流と平和構築の可能性について、市民の目線で考えてみたい。

1．煽られる危機

　2024年2月20日の『沖縄タイムス』は、一面トップで「多良間(たらま)避難の協議開始／政府と沖縄・熊本県／八代市(やつしろ)受け入れ」の見出しで宮古郡多良間村の住民約千人の避難計画を伝えている。2日かけて宮古本島に移動し、宮古島の空港や港から熊本に避難するという。多良間島は、宮古本島と石垣島のほぼ中間にあるが、何時、どこから飛んでくるか分からないミサイル攻撃から避難する方法などありえない。そもそも、敵のミサイルは軍事施設や空港・港などを狙うもので、自衛隊基地のない多良間島は、宮古島や石垣島より安全ではないだろうか。有事に宮古本島の空港や港は、使用できるはずがない。避難計画など机上の空論であり、荒唐無稽(こうとうむけい)な議論と言わざるをえない。

　政府は、先島を戦場にしてもよいと思っているようだ。2016年に与那国島に陸上自衛隊を配備し、ミサイル部隊の配備が準備されている。2019年に宮古島に陸上自衛隊駐屯地を建設し、弾薬庫の完成を待って、2021年ミサイル

第4章　東アジアの安定こそ、沖縄が平和に生きる道――南西諸島の軍事要塞化に抗して――

を配備した。2023年には石垣島に陸上自衛隊を配備し、ミサイル部隊を置いた。いずれも中国に対する「抑止力」が、理由とされている。しかし、相手にしてみれば、今までなかった自衛隊基地ができミサイルが置かれたら、以前にもまして警戒し、備えを強大にしなければならないと思うだろう。

宮古島で拡張工事中の自衛隊弾薬庫
（2024年5月3日撮影）

　先島の島々では、敵からの攻撃に備えた避難訓練や、戦場になった時を想定した避難計画が、大真面目で議論されている。2022年9月16日の『琉球新報』は、「先島に住民避難シェルター／政府検討　有事を想定／石垣市など複数候補地」と報道した。その年11月には、過去最大規模の日米共同軍事演習「キーン・ソード」が行なわれた。日米3万6千人、航空機約370機、約30隻の艦隊の規模である。これには、イギリス、カナダ、オーストラリアも初めて参加した。これだけの「中国包囲網」を見せられて、中国も黙っていない。無人偵察機や哨戒機を飛ばして、沖縄本島と宮古島の間を通過させたりして対抗した。

　多良間島の避難計画の報道から1週間後の2月27日、『沖縄タイムス』はやはり1面トップで「先島12万人避難　政府原案／八重山▽九州北部と山口／宮古▽南九州受け入れ」の見出しで、「各県が先島5市町村と協議を重ね、1カ月程度の滞在を可能とする『初期的計画』として24年度中にまとめる方針だ」と報じている。そして本年6月3日、政府はこの計画を九州地方知事会議で、各知事の同意を得たという[6]。軍事演習は訓練とは違う、避難計画も実際の戦闘を想定してのものだ。政府は本当に先島で戦争することを前提にしているとしか思えない。

　岸田政権は、2023年12月「安保三文書」を閣議決定し、5年間で43兆円の大軍拡へ舵を切った。24年3月、日本はイギリス・イタリアと共同開発中の戦闘機の第三国輸出を認める閣議決定した。「安保三文書」に続く、憲法の平和主義を無視する許し難い暴挙である。

この政府による憲法無視の戦争準備に対して、沖縄では、「ノーモア沖縄戦、命どぅ宝の会」「台湾有事を起こさせない・沖縄対話プロジェクト」「沖縄を東アジアの平和創造のハブに」などの市民運動が、辺野古の新基地建設反対の運動と連携して取り組まれている。「代執行」という沖縄の民意を力で抑え込む形で進む辺野古の新基地建設のための大浦湾の埋め立て工事は、日本の民主主義の扼殺に等しいと言わざるをえない。

　これらの戦争準備が、中国に対する「抑止力」を理由に進められているが、2023年から2024年にかけて沖縄で開かれた「台湾有事を起こさせない・沖縄対話プロジェクト」では、台湾と中国大陸から招いた報告者の大半が、中国の台湾に対する武力統一は現実味がないというものであった。台湾の世論は「現状維持」が大半であり、誰が総統になっても、この政策に変更はないであろう、というものであった（ちなみに、頼清徳新総統もこの政策を堅持するという）。さらに、「台湾有事」はアメリカがつくり出した根拠の薄弱な議論であり、これに日本の政府とマスコミが追随して煽っているという認識は、3回のシンポと総括集会（2024年1月）を通じて参加者の共通理解になった。

2．「台湾有事」は、沖縄の破滅

　アジアの地図を広げると、沖縄は絶妙な位置にあることが分かる。西に広がる中国大陸の東南、日本列島の九州の南に弧状に連なって台湾につながっている。さらに南に目を向けると、フィリピンから太平洋島嶼、インドシナ半島からマレー半島、インドネシアへと続いている。

　沖縄本島の那覇を中心にすると、1千キロの範囲内に九州の全域、中国の泉州・上海・台湾、韓国の釜山が入り、2千キロだと東京、北京・海南島、マニラまで入る。アメリカが沖縄を占領支配し、「keystone of the pacific」（太平洋の要石）と名付けた理由が分かる。アメリカのアジア戦略の中心となり、今も広大な軍事基地を保持している根拠の一つとなっている。

　かつて、琉球王国時代には、この地理的条件を生かしてアジアの中継貿易国家となった。これらのアジア地域を相手に交易し、「舟楫を以て、万国の津梁となす」（万国津梁の鐘銘）という言葉で知られる「大交易時代」と呼ばれる黄金期を形成した。17世紀後半から18世紀にかけては、琉球のルネッサンス

第4章　東アジアの安定こそ、沖縄が平和に生きる道──南西諸島の軍事要塞化に抗して──

と言われるほどの琉球文化が花開くが、これは日本、中国、朝鮮、ベトナムなどアジア地域、なかでも東アジアの政治的安定が大きく影響している。

　この時期に中国から琉球経由で日本に伝わった主なものとして、次のものがある。歴史学者の東恩納寛惇（ひがしおんな　かんじゅん）は、産業の甘藷（イモ）の伝来（1605年、野国総官）、医学の全身麻酔による外科手術（1689年、高嶺徳明）、道徳教育の「六諭衍義」（1708年、程順則）をあげている[7]。筆者はこれに空手、三線（三弦）、孟宗竹、つけ揚げ（薩摩揚げ）等を加えたい。沖縄では今でも衣食住から芸能、葬制など幅広い分野で中国文化の影響を見ることができる。一例をあげると、黒豚、チンスコー、ひんぷん、石敢当、シーサー、清明（シーミー）、うちかび（紙銭）、ハーレー（爬龍船）、亀甲墓などがある。

　この歴史を見れば、中国や朝鮮半島、ベトナムなどのアジア諸国とどのように向き合うべきか、答えがある。「台湾有事」を揚言して、アメリカと一緒になって中国に対抗しようなどということが、沖縄の経済的繁栄に逆行し、平和に生きる道を閉ざすものであることは、歴史が示している。

　もし、「台湾有事」が中国による台湾に対する武力攻撃を意味するとしたら、このような事態は何としても止めなければならない。決して起こさせてはならない。沖縄は大小多くの島が広い海域に弧状に散らばって形成されている。この海に囲まれた小さな島が武力攻撃されると、港や空港も使用できないし、避難できる場所などない。軍隊（自衛隊）は、戦時には敵と戦うことが一義的な任務であり、住民を守ることは後回しである。第二次大戦時に国内で唯一の地上戦を経験した沖縄住民が獲得した教訓である。

　沖縄戦の時、宮古島では空輸も海運も途絶して物資が入らず、兵隊も住民も飢餓とマラリアに苦しめられた。『きけわだつみのこえ　日本戦没学生の手記』（岩波文庫）には、宮古島野戦病院での関口清の記録がある。彼は1943年9月に東京美術学校を卒業、11月入営。45年8月19日、26歳で戦病死した。その「遺留手帳」に病床日記と絵が残っている。それには、「宮古島野戦病院にて　七月十四日　もうこれ以上はやせられまい」という文と、杖にすがって立つ痩せた青年が描かれ、頁をめくると「8月9日」の日付で、頭を伏せてへこたれて座る姿、その左の頁には「これだけあれば生きられる」として、パン、缶詰、果物などの食べ物が、痩せた青年の周囲を埋めている。亡くなる10日前に描かれたものである[8]。沖縄戦当時の宮古島の実態を示すもので、鬼気迫

45

るものがある。もし、戦争になれば同じようなことが起こることを、先島の私たちは知るべきである。

　国や自治体は、宮古島や石垣島でシェルター造りを模索したり、避難訓練をしたり、九州などへの避難計画をたてることに労力を使っているが、沖縄戦から何を学んだか、と言いたい。住民保護を言うなら、避難を必要としないことを、まず探るべきである。先に紹介した仲宗根政善先生のいう指導者の責任とは何かを忘れないことである。

　戦争になることを前提とせず、戦争を起こさせないことに全力で取り組むしかない。戦争となれば、沖縄戦やウクライナ、ガザの例からも分かるように、それを止めることは容易でなく、地獄の苦しみが待っているのだから。

　繰り返すが、もし先島が攻撃されたら逃げ場はない。そう覚悟すべきで、生き延びるためには、絶対に戦争を起こしてはならない、ということに尽きる。国も自治体も住民の生命財産を守るというなら、避難訓練や避難場所を探すよりも、武力衝突を回避するために、対話と外交に全力を傾注すべきある。

3．からみ合う先島と台湾

　地理的に近く、古代から行き来があったはずだが、清代に鄭氏が投降して清朝の統治に入る以前の台湾との交流については、断片なものしかない。清朝になっても、日清戦争によって日本の植民地になる以前の交流は、漂流・漂着などの記録が主である。しかし、その中には「宮古島民台湾遭難事件」[9]のように、沖縄と日本の近代を大きく方向づけた事件もある。

　1372（洪武5）年に明との正式な外交関係を結んだ琉球に比べて、台湾の明朝との関係は、琉球より稀薄である。そのため、地理的には小さな琉球が「大琉球」と呼ばれ、台湾は「小琉球」と呼ばれていた。鄭成功がオランダ軍を破って（1662年）以後、22年間鄭氏が台湾を統治し、1683（康熙22）年鄭氏が清に降伏し、清朝による統治が始まっているから、明初から中国と関係を結んだ琉球王国より300年以上遅れて、中国の仲間入りをしたと言える。しかも、その約200年後の1895年、日清戦争の結果、日本の植民地となった。日本による統治は、第二次大戦で日本が敗北するまで50年間続いた。台湾と沖縄の関係史のトピックの中から、「宮古島民台湾遭難事件」と日本植民地下の

台湾との関係にしぼって述べることにする。

【宮古島民台湾遭難事件】

　1871年（明治4年）10月、琉球王府に年貢を納めた宮古島と八重山の貢納船各二艘が、那覇から島へ戻る途中嵐に遭い、宮古島の船一艘が台湾東南部の八瑤湾に漂着した。船には69人が乗っていたが、そのうち3人は上陸の際溺死、66人が上陸して原住民（パイワン族）の村に着き、水や食糧を与えられた。

　ところが、言葉の通じないところから疑心暗鬼が生じ、逃げようとして山中を徘徊し、原住民と交易のある台湾人劉天保の家に着いた。ここで追跡してきた原住民に捕えられ54人が首を刎ねられた。埔力庄の庄主楊友旺は2人の息子を派遣して劉氏に隠れた9人、山中を徘徊していた2人、高士仏（クスクス）蕃社に囚われていた1人の計12人を救助し、40余日自宅で保護したあと台湾府城に送った。救助された12人は、72年6月に先に台湾北部に漂着して保護されていた八重山船の人とともに福州経由で帰国し、事件の概要が明らかになった。当時、福州には琉球と清国との交易の窓口である柔遠駅（琉球館）があり、定期的な船の往来があった[10]。

　ところで、一般に通用している「宮古島民台湾遭難事件」という呼称については、再検討の必要がある。遭難した宮古船には宮古島以外の人も乗っており、殺害された54人は、宮古が43人、那覇9人、西原町、今帰仁村各1人であり、生存者12人は、宮古5人、那覇5人、与那原町、座間味村各1人である。琉球王府は、この事件が清国や薩摩（日本）を刺激し政治問題化しないよう、宮古島の問題として抑えたかったのではないだろうか。

　宮古島の貢納船が遭難した1871年の3カ月前の7月には、日本では廃藩置県があり、「日清修好条規」が調印されている。琉球は事件の翌年琉球藩となり、琉球国王は琉球藩王になった。台湾に漂着した琉球人は、この時はまだ「琉球藩民」にはなっていなかったが、明治政府は「琉球藩民」が殺害されたとして、清国の責任を追及した。これに対し清国は、原住民は「化外の民」（清国の文化の及ばない野蛮な民）であると答え、責任を回避しようとした。日本と清国の態度には、琉球と台湾原住民に対する大国主義が如実に表われて

いる。日本政府は後付の「琉球藩民」をもち出し、清国は「化外の民」と切り捨てる。どちらも、身勝手なご都合主義と言わざるをえない。

　明治政府は「化外の民」という言葉を引き出して、1874（明治7）年5月、西郷従道に命じて懲罰の軍3600名を出動させた。牡丹社、高士仏（クスクス）社のパイワン族は、石門などで抵抗したが、武力で勝る日本軍に制圧され、多数の住民が犠牲になった。日本軍は、被害に遭った琉球人を日本国藩民として、西郷従道が自ら揮毫して、現地に「大日本琉球藩民五十四名墓」を建てた。殺害された54人の中で44人の頭骸骨をもち帰り、那覇市若狭町上之毛に合葬した。その後、1898（明治31）年に波の上の護国寺境内に移し、「台湾遭害者之墓」の墓標を建て、1980（昭和55）年、改修して台座に被害者の名前を刻んだ[11]。

　この「宮古島民台湾遭難事件」を理由にした「台湾出兵」が、明治政府の最初の海外派兵となり、何よりも清国に琉球の日本帰属を事実上認めさせるものとなった。それから5年後、1879（明治12）年3月、琉球は日本に併合された。しかし、琉球士族の中には清国の武力を含む援助に期待して、琉球国の復旧のために清国に渡って請願運動をした人たちがいた（いわゆる「脱清人」）。1875年（明治8年）、福州の琉球館が閉鎖され中国への進貢が禁止されると、琉球国王の密書をもって幸地朝常、林世功、蔡大鼎らが、官憲の監視をのがれて清国に脱出している。これが、最初の「脱清人」となった。

　琉球併合の前年1878年11月、琉球の「分島問題」（宮古・八重山を清国に割譲する）が起こる。翌年、清国は琉球問題の調停を、世界旅行の途中に中国に立ち寄った元アメリカ大統領グラントに依頼した。7月に日本に来たグラントは、日光で伊藤博文、西郷隆盛と会談、清国はグラントの主張に従い三分割案を提示、1880（明治13）年8月、日本は「日清修好条規」（1871年締結）の改訂と引き換えに、宮古・八重山を清国に割譲することを提案、10月ごろ日本提案の二分割案で双方合意した。これに中国で琉球復旧運動を展開していた幸地朝常ら琉球士族が反発し、林世功は北京の総理衙門に最後の嘆願書を提出し、日清両政府の措置に抗議し自殺した。清国は調印を延期し、「分島増約（改約）案」は霧消した[12]。

　明治政府は、「日清修好条規」の改正と引き換えに宮古・八重山を割譲しようとした。これは、1972年の沖縄返還が、日米繊維交渉と絡めて「糸で縄を

買った」と揶揄されたエピソードを想起させるものである。ともあれ、牡丹社事件の20年後（1894）日清戦争が起こり、勝利した日本は台湾を領有した。琉球の分島問題や帰属問題は、日本が軍事力で抑え込む形になった。尖閣諸島の日本編入も、台湾領有（1895年）と同じ年である。まだ日本に併合されていない琉球王国の宮古島民を含む琉球人の台湾漂着殺害事件が、近代日本の最初の海外派兵を呼び、分島問題や台湾植民地化につながり、尖閣諸島編入にも影響したことを見ると、歴史がつくられる過程にいくつもの「もし〜」を差しはさみたくなる。

【日本植民地下の台湾と先島】

1895年（明治28）、日本は下関条約によって台湾を領有した。1945年（昭和20）まで50年間、台湾は日本の植民地支配を受けた。先島（宮古諸島と八重山諸島）と台湾の間には国境がなくなり、九州や大阪よりも気軽に行ける土地となった。台北は先島の若者の憧れの都会であり、多くの人が台湾へ渡った。

沖縄県はハワイやブラジルなどへの移民県として知られるが、先島にとっての台湾は移民としてというより、いつでも自由に行ける出稼ぎ先の感覚で行けるところだった。男性だけではなく、女性の移動も多かった。その職業も行商、女中、タイピスト、事務員、ダンサー、酌婦、妓女などと多様である。

日本統治下の台湾は、沖縄の若者にとっては進学先でもあった。戦前の沖縄には中学までしかなく高等教育機関がなかった。台湾には商業・工業・農業・医学の各専門学校の他、台北帝国大学まであった。沖縄の青年にとっては、九州や関西・関東よりも地理的に近く、旅費も学費も安い台湾は、進学先として魅力があった。

話は飛ぶが、戦後沖縄の復興には、台湾からの引き揚げ者が大きな貢献をしている。台湾で教員や官吏、医師、弁護士などとして活躍していた人たちである。沖縄教職員会長・祖国復帰協議会長の屋良朝苗（初の公選主席・初代沖縄県知事）、沖縄社会大衆党委員長安里積千代（衆議院）、大田政作（行政主席）、川平朝申（結核予防協会長）らはその代表的な人物である[13]。

日本統治下の台湾から、先島に移住した台湾人も忘れてはならない。石垣島

の名蔵には現在も台湾から来た人たちの集落がある。もちろん多くは日本籍になっている。石垣島のパインは彼らがもち込んだものである。原野を開墾し、パインを栽培し土地の特産に育てたのである。稲作、果樹栽培にも従事している。水牛も台湾から入ってきた。茶商、中華料理店などの経営者もいる[14]。

おわりに

　台湾をめぐってアメリカと中国の関係が緊張した時、日本はどうすべきか。答えは一つである。1972年の日中国交正常化時の「日中共同声明」、78年の「平和友好条約」の約束を守ることである。「台湾が中華人民共和国の不可分の一部であることを、十分理解し、尊重」する。「すべての紛争を平和的手段により解決し、武力又は武力による威嚇に訴えないことを確認する」、というものである。

　麻生元総理が「戦う覚悟」を吹聴したり、与那国町長が「一戦を交える覚悟」を唱えるなど、岸田政権で進んだ宮古島・石垣島・与那国島などの軍事要塞化は、「日中共同声明」や「平和友好条約」の精神に逆らうものである。日本は日中国交正常化時の原則に沿って行動すべきであり、それがあってこそ、中国に対してもその原則の順守を求めることができる。

　日本の近代国家としての出発の初めに、台湾と沖縄は日本帝国の野望の犠牲にされた悲しい歴史を共有する。地理的に近く、歴史的経験が似ていることもあり親近感がある。中国大陸と台湾の地理的距離感と精神的距離感は、日本の他府県と沖縄の距離感と似ているし、北京や東京の政府の都合によって切り離されたり、併合されたり、中央政府の政治的都合によって利用されてきた歴史も似ている。そして、第二次大戦後はアメリカのアジア戦略の拠点として、冷戦期には「反共の砦」とされ、ソ連や中国封じ込めのために軍事利用されてきた。今も中国包囲網の拠点に位置付けられ、沖縄は今も、米軍の「太平洋の要石」とされている。

　沖縄と台湾は、自らの現在と将来の針路を自ら決められず、いつも大国（中国・日本・アメリカ等）の都合に左右されてきたし、現実的に選択の幅が狭い。そのため、この閉塞的状況を突破する方法の一つとして、どちらにも独立を主張する声がある。自らの進路を自ら決めたいという強い願いからである。

ただ、台湾ではその勢力が総統を選ぶほど強いが、沖縄では学会組織に止まり政治的影響力という点では、比較にならないほど小さい。

ただ、沖縄と台湾との間には、反発する向きもあろうが、境遇を同じくする弱小者同士の慰撫や同情に似た感情があることも認めないわけにはいかない。それが、互いの境遇を嘆くだけでのものに終わっては、何も生まないばかりか、いつか「要石」が変じて「捨石」にされる不幸を招きかねない。

「台湾有事」を起こさせないことは、沖縄を再び戦場にしないことと同義であり、「日中不再戦」の道に通ずる。武力に頼らない、対話と外交による問題解決のため知恵をしぼる時である。東アジアの平和的安定は、沖縄の繁栄と存立の基礎である。それは、台湾にとっても同じである。どちらも、再び「国のために」犠牲にされてはならない。

注
1．『沖縄タイムス』2024年5月4日
2．2021年12月1日の台湾国際研究院主催のフォーラムにオンラインで参加し講演した。
3．2023年8月8日、台北市で開かれた国際フォーラムでの講演
4．大田昌秀『沖縄のこころ』第一章（岩波新書、1972年）15頁参照
5．仲宗根政善『石に刻む』（沖縄タイムス社、1983年）190・213頁
6．「沖縄タイムス」2024年6月4日
7．東恩納寛惇「歴史論考」『東恩納寛惇全集4』所収（第一書房、昭和53年）参照
8．日本戦没学生記念会編『新版　きけわだつみのこえ　日本戦没学生の手記』（岩波文庫、1995年）401～410頁参照
9．ここでは、『沖縄大百科事典』（沖縄タイムス社）に拠ったが、この事件の呼称は「台湾遭害事件」、「台湾漂流事件」などと一定していない。例えば、中学の社会科教科書では「清領の台湾で琉球人漂流民が現地住民に殺害された事件」（山川出版）という表現の「琉球人漂流民」が、「琉球の漂流民」（帝国書院、学び舎）、「琉球の人々」（日本文教出版、教育出版）はまだしも、「琉球の漁民」（育鵬社）という誤認まである。また、「牡丹社事件」とは、台湾では1871年の漂着事件から、74年の日本軍による牡丹社攻撃までの一連の事件を、パイワン族の抵抗を中心に歴史教科書でも扱っている。
10．東恩納寛惇「尚泰侯実録」『東恩納寛惇全集2』所収参照
11．又吉盛清『大日本帝国植民地下の琉球沖縄と台湾　これからの東アジアを平和的に生きる道』第九章「琉球・沖縄と台湾遭害事件」（同時代社、2018年）参照
12．琉球併合と帰属問題、分島問題についての日清交渉の経緯については、西里喜行『清末中琉日関係史の研究』（京都大学学術出版、2005年）が詳しい。

13. 又吉盛清『前掲書』第三章「沖縄人と台湾植民地支配」参照
14. 松田良孝『八重山の台湾人』(やいま文庫8) 第三章「大量帰化」(南山舎、2004年) 参照

宮古島のレーダー基地

牡丹社から贈られた「愛と平和」の碑

●第5章●
侵略への深い反省の上に平和的解決の努力を求める

大西　広

はじめに

　日本の一般民衆の多くは台湾を一つの「国」と考えており、残念ながら、それはある程度事実です。ですが、そのようになったのは、1895年から1945年まで日本が台湾を中国本土から切り離して日本の一部として統治をしてきたからで[1]、それがなければ現在問題となっている「中台統一」の課題が100倍容易となっていたことは間違いありません。ついでに言うと、私たち日本人が「問題」とする「朝鮮半島問題」も、1945年における日本の撤退時に一切の正当な政権がそこに存在しなかったことが決定的な原因となっています。つまり、私たち日本人は台湾海峡や朝鮮半島における軍事的対立を他人事のように言いますが、実はその遠因は私たち日本人の所業にあります。少なくとも日本の平和活動家が台湾海峡や朝鮮半島の問題について何がしか発言をする際、決して忘れてはならない事実です。

　もう一つ、同じ趣旨から私がどうしても思うことは、中国のあの一生懸命な軍事強化（と言っても軍事費の増加テンポは平均してGDPのそれより遅いものでした）の遠因もまた、私たちの祖先の侵略という事実にあったことです。

　私が大学で教えた多くの学生には中国人もたくさんおり、彼らは誰もが「軍事力が弱かったから日本に侵略されたのだ」と思っています。そして、それを否定することはできません。もちろん、日本で平和運動を展開している私たち平和活動家は憲法9条に代表される積極的平和外交こそが安全保障の唯一の道だと主張をしているのですが、中国の人たちにそう思ってもらえない決定的な体験が日本軍国主義による蹂躙だったからです。

　あれさえなければ、現在の中国は人民の利益を最優先するマルクス主義思想の下でもっとはっきりと平和的志向性を示せていたのではないでしょうか。私

たちは軍拡をやめられない中国を批判したくてたまらず、国際会議でも批判をすることになるかも知れませんが、彼らをしてそうさせてしまった日本の歴史自体への反省を伴わない批判は「批判」としての有効性ももたないでしょう。本章のタイトルを「侵略への深い反省の上に平和的解決の努力を求める」としたのはその趣旨からです。

1. 現地住民の視点から問題をとらえる

　このように考えたいと私が思いますのは、それぞれの地に住む人びと、それぞれの民族などから見た時、他者の行いがどのように見えているかを考えることが必要だと思うからです。上記の場合は、日本の行いが大陸中国人にとってどのように見えるかを考えたということになります。例えば、一度侵略によって台湾地区を略奪した国の国民が「台湾は別の国」と言った時、大陸の中国人はどう感じるでしょうか。また、軍事の力によって中国を支配した日本の国民が、「軍事の力を捨てよ」と言って何と思われるのでしょうか、という問題です。そういう日本人と日本政府が全体として憲法九条の精神を体現し、その結果として軍隊のない社会を建設しえていれば話は別ですが……。

　ただし、こうして思考を進めていけばいくほど、考えなければならないのは、現在の大陸中国が軍事的圧力を台湾住民に加える時、その大陸中国を台湾住民がどう思うのか、という問題です。1949年に大挙して大陸から渡ってきた大陸人（外省人と呼ばれる）はともかく、もとから大陸に住んでいた人びとにとっては大陸とは1895年に自分たちを切り捨てた人びととして映らざるを得ません。そして、もしそうすると、そうした大陸人が今再び「台湾も自分たちのもの」と言ってやってきていることになります。このことを大陸の人びとがどこまで真剣に認識しているのか、認識していないがために今のようなこととなっているのではないか、と疑問に思ってしまうのです。

　私の考えるところ、ここまで深くはないものの、過去の歴史をよく知らない一般の日本人がもっている大陸中国への不信感も言語化すればこのようになるのではないでしょうか。大陸の対台湾政策も言われているほど「軍事的」なものではなく、基本は平和統一をめざす諸政策となっています。しかし、本書第2章の岡田論文も主張していますように、「武力による統一の可能性を否定し

ない」という中国政府の主張は大陸の国内向けのスローガンであります。ということは、「最後は武力を使ってでも統一すべき」と大陸の人びとが思っているということです。この感覚にはやはり違和感をもたざるを得ません。

これに関連して感じる違和感は、過去における大陸側の「台湾解放」のスローガンが消え、「祖国統一」というスローガンしか語られなくなっていることです。「台湾解放」とのスローガンは「台湾住民のために」との趣旨をしっかりキープしていましたが、現在のように「祖国統一」というスローガンしかなくなるとそれが大陸人の利益ではあっても台湾住民の利益かどうかがはっきりしなくなります。過去の中国は何度も分裂し、そのたび毎に苦労に苦労を重ねて再統一を果たしてきました。そして、そのすべてが軍事的統一だったことはよく理解できるのですが、現代社会ではそれが通用するのかどうか、という問題です。

2．大陸にそうさせた日本、同じことをしている日本

ですが、こうして考えれば考えるほど、実はそうした「本土中国による台湾の切り離し」をさせてしまったのも私たちの国日本であることを忘れるわけにはいきません。

1895年に中国が下関条約によって大陸を切り捨てたことは事実ですが、大陸は進んでそうしたわけではありません。私たちの国日本がそうさせたのであって、したがって再び、この問題のそのまた原因たる「日本の悪行」（侵略・略奪のこと）こそが前提的な問題なのであって、それへの反省なく私たち日本人は何も言えないことが重要になります。

実際のところ、特にこの台湾割譲は何カ月かに及んだ下関での日清間の講話交渉の最後に日本側が急に言い出した要求で、「台湾に付属する諸島」の範囲も曖昧なままに条約を締結させてしまいました。実はこれが現在に至る尖閣問題の原因ともなっているのですが、ともかくこういう経過で日本は台湾を割譲しているのです。このことへの反省を伴わない中国批判は日本の平和勢力としてあってはならないものです。

ですが、そのうえで、こうして台湾の住民たちが「切り捨てられた人びと」であったとするなら、本土日本もまったく同じことをしてきたということも同

時に思い出さないわけにはいきません。そう、1952年の対米単独講和条約での沖縄の切り捨てを、です。

ただし、日本の沖縄に対する「犯罪」は、この「切り捨て」だけではありません。1945年4〜7月には天皇制という国体擁護だけを目的にあの沖縄戦を強要し、かつ日本への返還以降も米軍による占領状態を継続させ、それへの幾度とない抗議にも本土日本は無視し続けてきました。私たち本土の平和活動家はもちろんそれに反対し、基地建設の撤回、現存基地の撤去を要求し続けてきましたが、それでも日本政府の立場を転換できていない以上、その責を負っています。日本の沖縄に対する「仕打ち」は中国本土による台湾の「切り捨て」の比ではありません。

ただし、今、ここではその相違を無視して、台湾と沖縄は同じ目に遭っているとしましょう。そう想定することにも意味があるのは、それによって初めて第4章で上里賢一さんが主張される「沖縄県民の台湾住民への親近感」が理解できるからです。また、そのことを認識して初めて本当に効果的に本土中国に「もの申す」ことができるからです。以下では、その問題を考えてみます。

3. 説得力ある主張のために必要なこと

ここから先はこうした大きな「負い目」をもった日本人がどういう姿勢と態度をこの台湾問題に対してとることができるかを考えますが、その前提にはやはり上で述べた意味で、私たちが沖縄の問題を自分の問題ととらえ、よって沖縄の人びとの立場からものを考えることができるようになることがあると思います。

私は中国の少数民族問題を研究しているので本当に思うのですが、沖縄のウチナンチューは百数十年前まで大和民族とは明らかに異なる民族として存在しました。私は日中友好協会の全国大会で沖縄の代表が発言の冒頭にそのように述べたのを聞いて自分の認識を変えたということがあります。その発言者は発言の冒頭にこう言いました。「私たちは150年前に日本人になりました」と。

実際、沖縄の方言は最広義の意味では「日本語」に属してはいても、世界のスタンダードでは異なる言語として認識される言語です。また、百数十年前までは明らかに異なる宗教と国家をもっていたのでして、そうした「少数民族」

の抑圧の歴史として近代日本の歴史はありました。ですので、それを克服することなしに私たち日本人は中国の少数民族政策に有効に「もの申す」ことができませんし、ある種「民族化」しつつある台湾や香港に対する中国の政策にも有効に「もの申す」ことができません。これらは「もの申す」必要がないと言うのではなく、それなしに本当に説得力ある主張ができない、という趣旨と理解していただきたいと思います。

なお、ここで私が「民族」に言及したのは「沖縄の問題を自分の問題としてとらえる」ことが日本の民族主義者にできていないためです。ただし、反米右翼として活動する一水会にはそうした問題は一切ありません。

重要なことなので言葉を換えて申しますが、この立場は沖縄の基地闘争を単に日本の対米独立の問題、日中関係の問題としてとらえるだけではなく、中台両岸関係の解決の問題としてもとらえなければならないということです。沖縄県民が選挙や県民投票で何度も主張している「反基地」の立場を、本土の日本国民がどう考えるのかがこのような意味で鋭く問われているのです。

4．国境の人びとは軍事対立の解消を求める

私の考えるところ、こうして「国境の人びと」の立場に立つことは平和を求めることに自然につながります。実際、私自身も最近になって気がついたのですが、旧ソ連との冷戦の中で釧路の市議会は旧ソ連との友好関係の構築に積極的でした（鈴木宗男議員の対ロ融和論もこの流れの中で理解できます）。中台関係でもアモイ沖の金門島という台湾政府支配下の島は最も統一に積極的であり、中越関係でもランソンというベトナム国境の町が最も中国に友好的となっています[2]。金門島もランソンも中国から最も激しい攻撃を受けた地区であるという意味で、大変アイロニカルな意味合いをもっています。過去の「被害」より将来の「平和」こそが重視されているのです。

このことはヨーロッパでも言えます。スイスが独仏伊の「辺境」の人びとによって、ベルギーが独仏蘭の「辺境」の人びとによって民族を超えて建国された理由も彼らが国境紛争の回避を利益としていたからです。戦争で最も被害を受けるのは国境に住む人びとで、実のところ、多くの場合、そこには少数民族が暮らしています[3]。私たち日本の場合は百数十年前まで存在した「琉球民族」

やアイヌ民族であり、やはり平和的な国際関係を強く志向し続けてきています。

実際、沖縄の人びとは過去も現在も台湾や大陸福建省と友好的な交流を続けてきています。玉城デニー知事がよく中国福建省を訪問すること、その省都福州には琉球王国時代の琉球墓と琉球館が残っていることは日本でよく知られていますが、中国の側も習近平が福州市党書記や福建省長を経験したということもあって、このことをよく知っています。23年7月の玉城知事の訪中の翌月には習近平自身が過去の「琉球」との長い歴史について言及しています。また、23年11月の玉城知事の台湾訪問もこの文脈で理解されるべきでしょう。

ちなみに、私自身も23年9月に福州沖の平潭島というもっとも台湾に近い島で開催された国際会議で「沖縄、台湾、平潭島という3島の関係が平和をつくる」と閉会の辞を述べた際、大いに受けました。本書の前章で上里さんが紹介されたこの3地区の長い平和的な関係の自覚と継続こそが求められています。

5．内政に干渉せずに意見するとはこういうこと

以上、こうして沖縄や台湾の人びとに寄り添ってものを考えるということ、したがって、日本の本土人が沖縄への現在も続く抑圧を解消するということが真の意味で中国に「もの申す」方法であるということを述べましたが、これを「内政干渉」と言うことはできません。内政に干渉せずに他国に意見するとはこういうこと[4]だと私は本当に思うのです[5]。

また、さらに加えて申したいのは、このような「もの申す」のあり方は内政に対してだけでなく、外交＝国際関係についても実はありうるということで、それは日本国憲法九条の精神そのものだということです。その精神は、次のような憲法前文にもっとも明確に示されています。すなわち、

「日本国民は、恒久の平和を念願し、人間相互の関係を支配する崇高な理想を深く自覚するのであって、平和を愛する諸国民の公正と信義に信頼して、われらの安全と生存を保持しようと決意した。」

このポイントは「諸国民への信頼の表明」をもって自国の安全を確保できる

のだとの考え方にあります。つまり、問題はこちら側の態度にあるのであって、相手がこうすればこちらはこうする、というのではありません。軍備拡張に走る現在の日本政府の立場との対比を明確にしておくとともに、「もの申す」とはこういうことだと理解したいのです。これが国際関係についても貫かれるべきだとの立場です。

ですので、中台関係（両岸関係）といった「内政」になればなおのこと、私たちは直接的な物言いをする以前に自国内部の「内政」＝ここでは本土人の沖縄やアイヌ民族の人びとに対する態度をこそ正し、それによって他国にメッセージが送られなければならないと考えるのです。

6．日米が刺激しなければ中台関係は安定

ですが、こうした諸事情とはまったく無関係に中台関係の安定化が起きる可能性も実は大きいです。このことは第2章で岡田充さんが詳しく述べられましたが、私として付け加えたい論点は「冷戦構造」という軍事的対立構造の問題です。それが時には強まり、また時には弱まることによって東アジアの国際関係は常に大きく変化して来ました。例えば、その典型は朝鮮半島で見られます。

アメリカのロシアや中国に対する態度は政権ごとに大きく変化していますが、「米ソ冷戦」時における南北朝鮮関係はもちろん相当に緊張していました。ですが、旧ソ連の崩壊で緊張の緩和した時には金大中や盧武鉉（ノムヒョン）といった政治家が大統領に当選し、また「在韓米軍を撤退させる」と主張するトランプ大統領の治世下で文在寅（ムンジェイン）が当選しています。逆に言えば、現在の尹錫悦（ユンソンニョル）は、バイデン政権による緊張政策下で当選しています。トランプ政権による米朝の緊張緩和期との違いは明確です。

ですので、台湾政治（もっと言えば日本政治）もそれに違わず大きく変動していて、その典型は2008年から2016年にかけての国民党馬英九政権と言えるでしょう。この時期は写真に見るような非常に良好な中台関係が見られたのでして、これを思い出すことは非常に重要です。今、人びとは中台の対立を当たり前のように思っていますが、ひと昔前にはその友好関係こそが「当たり前」で、軍事的緊張関係もまったくありませんでした。当時のアメリカはオバマ政

出所　新華社ホームページより

権の２期目で、中国やロシアへの姿勢も今ほど厳しいものではありませんでした。

　ですが、こうした緊張緩和は主にアメリカの民主党政権によって壊されてきました。例えば、現在の民進党の蔡英文が当選した前々回2016年１月の総統選では、選挙の真っ最中の12月16日に米民主党オバマ政権が18億3000万ドルに及ぶ台湾への武器売却契約を行なって中台関係を緊張に導いています。この時の武器売却契約には２隻のフリゲート艦、対戦車ミサイル、突撃水陸両用車、FIM-92スティンガー・ミサイルが含まれ、相当に大規模なものでした。また、その後成立したトランプ政権は、しばらくこのタイプの緊張関係の埋込みを控えていたのですが、政権後半期には2018年９月の台湾空軍への３億3000万ドルの機器販売を承認しています。

　ですが、問題はその後のバイデン政権で、対ロシア関係だけではなく対中関係でも軍事的緊張関係の埋込みに余念がありませんでした。24年の総統選挙を前にして特に2023年はペロシ下院議長を訪台させたのもその一つです。そして、最後にここで言わなければならないのは、今回は日本が与那国島や宮古島などでの基地強化を推進してより直接的な対立刺激者となっているということです。

　私に言わせると、これこそが正真正銘の「内政干渉」です。というより、最悪の「内政干渉」です。台湾の人びとは戦争の恐怖なく生きたいし、８年前の馬英九政権下までは実際にそうしたことが可能でした。ですが、アメリカや日本がわざと緊張関係をつくり出すようなことをやって「親米政権」「親日政権」をつくろうとしています。

　私たちがまず最初にしなければならないのは、そういう自国への反省です。中台関係の悪化を利益とし、そのように動いているのは中台両岸ではなく、アメリカや日本だということを知ることこそが私たちに求められています。

第5章　侵略への深い反省の上に平和的解決の努力を求める

　以上、主には私たち日本人の責任と役割を中心にいくつかの論点を整理しました。台湾問題が日本国内で論じられることが多くなった現在、見失われている論点として指摘させていただきました。ご検討いただければ幸いです。

注
1. 本章の元となったのは2023年11月に鹿児島で開催された日本平和大会分科会での報告です。なお、私はその直後に北京で開催された「世界社会主義フォーラム」という国際会議に参加した際、そこに参加した欧州の代表が、この占領期間が50年であることを正確に知っていたことに感銘を受けました。世界の人びとが「台湾問題」の根源が日本による半世紀にわたる占領にあることを正確に知っているということを認識することは重要です。
2. このランソンについては、私は小著『中国に主張すべきは何か』かもがわ出版、2012年で1章を割いて訪問記を書いています。参考にしていただければ幸いです。
3. 本章は2023年11月11日に開催された日本平和大会2023での講演を基礎としていますが、私自身はその翌日の午前にも「歴史認識分科会」でも短い報告を行なっています。そして、その中でも、少数民族が一般に「辺境」に位置すること、そのために「国境紛争」がその地で起こされること、しかもその原因が大民族が勝手に国境線を引いたことに起因していることを述べました。日本においては、琉球3分割案や「琉球36島」の規定、尖閣に関する1985年の「閣議決定」、アイヌ民族にとっては千島樺太交換条約がそれに相当します。合わせ、知っておかねばならない「歴史の反省」です。
4. ここで「内政干渉への反対」が日中友好協会にとって最重要なアイデンティティーであることを付言させていただきます。というのは、過去1960年代に日中友好協会は当時の中国政府と対立関係に陥りましたが、そこでの論点が「中国からの内政干渉に反対する」ということだったからです。当時の中国政府は文革式の日本の変革方式を日中友好協会に採用させようとしましたが、協会は「各国内政は各国国民が決めること」と反論して、その干渉を受け入れませんでした。言い換えれば中国が文革をするかしないかは中国国民が決める、しかし日本の内政は日本国民が決めるという立場で、この立場は「中台両岸が今後どのような関係をもつか、どのように統一するかについて日本人が干渉すべきではない」ということとなります。
5. 近年、「人権外交」の名の元に進められている西側諸国の内政干渉は極めて深刻な問題を引き起こしています。これについては例えば、小阪裕城「国際機構と人権理念──戦後国際秩序を問い直す視座をめぐる予備的考察」『歴史評論』2020年8月号が参考になります。1993年に世界人権会議で採択された「ウィーン宣言および行動計画」は、西側諸国において広く誤解されていますが、ここで人権と自由を「助長し保護する」とされているのは、あくまで「国家の義務」であり、「国際的義務」とはなっていません。

■年表

年	月	出来事
1842年	8月	清国、英国と南京条約調印
1868年	1月	明治維新（朝廷、王政復古を宣言）
1871年	9月	日清修好条規調印
	12月	琉球の漂流民が台湾先住民に殺害される（牡丹社事件始まる）
1874年	5月	日本軍、台湾に上陸（台湾出兵、12月撤兵）
1879年	3月	琉球藩を廃し沖縄県とする（「琉球処分」）
1894年	7月	日本海軍、豊島沖で清軍を攻撃、日清戦争始まる（8月両国宣戦）
1895年	1月	日本政府、閣議で尖閣諸島の領有を決定、ただし公表せず
1895年	4月	下関条約調印、日清戦争終了
	5月	対日譲渡に反対して、唐景崧ら「台湾民主国」を宣言
1915年	7月	台湾南部で西来庵事件起こる
1921年	10月	台湾文化協会設立
1928年	4月	上海で謝雪紅ら台湾共産党結成
1930年	10月	台湾中部山岳地帯の霧社でセデック族が蜂起（霧社事件）
1937年	7月	盧溝橋事件、日本の中国全面侵略始まる
1941年	12月	アジア太平洋戦争始まる
1943年	11月	米英中、カイロ会談（12月1日カイロ宣言公表）
1945年	7月	ポツダム宣言発表
	8月	日本、ポツダム宣言を受諾、連合国に無条件降伏
1947年	2月	二・二八事件勃発
1948年	5月	動員戡乱時期臨時条款を施行
1949年	5月	台湾政府、戒厳令を施行
	10月	中華人民共和国建国
	12月	「中華民国」、台北に遷都
1952年	4月	日華平和条約締結

年	月	出来事
1954年	9月	中国軍、金門・馬祖両島を砲撃（第1次台湾海峡危機）
1958年	8月	中国軍、金門・馬祖両島を砲撃 （10月まで、第2次台湾海峡危機）
1971年	10月	国連総会、中国代表権に関する2758号決議通過
1972年	9月	田中角栄首相訪中、日中共同声明を発表し国交正常化が実現
1975年	4月	国民党の蒋介石死去
1986年	9月	台北で民進党結成
1987年	7月	台湾で戒厳令解除
1991年	5月	台湾で動員戡乱時期臨時条款を解除
1992年	10月	大陸の海峡両岸関係協会と台湾の海峡交流基金会が香港で協議、「一つの中国」の認識で合意とされる （92年コンセンサス）
1996年	3月	中国軍、台湾周辺で軍事演習（第3次台湾海峡危機）、台湾で初の総統直接選挙、李登輝が再選
2000年	3月	台湾の総統選挙で民進党の陳水扁が当選
2005年	3月	中国政府、反国家分裂法を制定
2008年	3月	台湾で国民党の馬英九が総統に当選
2014年	3月	台湾で中台「サービス貿易協定」に反対するひまわり運動起こる
2015年	11月	習近平国家主席と馬英九総統がシンガポールで初のトップ会談
2016年	1月	台湾で民進党の蔡英文が総統に当選
2022年	8月	アメリカのペロシ下院議長が台湾訪問、中国軍、台湾周辺で軍事演習（第4次台湾海峡危機）
2024年	1月	台湾で民進党の頼清徳が総統に当選、ただし立法院選挙では民進党が過半数割れ、国民党第一党に。民衆党が躍進

おわりに

　2008年5月に国賓として日本を訪れた胡錦濤国家主席と福田康夫首相は、会談後「『戦略的互恵関係』の包括的推進に関する日中共同声明」という文書を発表しています。そこには、両国は「互いに協力のパートナーであり、互いに脅威とならない」と明記されています。それから16年を経た現在、日本で依然として中国は協力のパートナーであり、脅威でないと考えている人はどれほどいるでしょうか。むしろ敵国とみなしている向きが多いようにさえ思われます。

　中国脅威論者がまずもち出すのが、切迫した「台湾有事」です。数年のうちに中国軍が台湾を攻撃してくる、「ウクライナの次は東アジア」、やはり揺るぎない日米同盟と価値観を共有する諸国の協力による強力な抑止力こそが不可欠と声高に主張されます。テレビなどの中国報道は、中国に批判的・否定的な内容が多いので、世論もそちらに引きずられがちです。

　では、「台湾有事」や中国の軍事的脅威なるものを真に受けてよいのでしょうか。台湾の人びとは中国から独立したいと思っているのでしょうか。台湾の人びとは親日的だと言われますが、本当にそうでしょうか。こうした疑問に答える一助として、日中友好協会は、2024年3月9日に「両岸関係シンポジウム――『台湾有事』を起こさせないために」を東京・両国で開催しました（会場とオンラインの併用）。

　本書はそのシンポジウムの報告をもとにつくられました。本書が読者の皆さまにとって台湾問題、両岸関係について考える手掛かりになることができれば幸いです。

　最後に本書の執筆を引き受けてくださった方々、出版にあたって編集でお世話になった本の泉社の浜田和子社長にお礼を申しあげます。なお執筆者の岡田充氏は本書の刊行を待たず旅立たれました。的確な原稿は期せずして岡田氏の遺作となりましたが、ここに岡田氏のご冥福を心からお祈り申し上げます。

日中友好協会会長　井上久士

■執筆者紹介

井上久士（いのうえ　ひさし）
　1950年生まれ。一橋大学大学院社会学研究科博士課程単位取得。駿河台大学名誉教授、2019年より日本中国友好協会会長。専門は、中国近現代史、なかでも抗日戦争時期の中国の政治と社会。著書・共著に『現代中国の歴史：両岸三地100年のあゆみ』東京大学出版会、『平頂山事件を考える』新日本出版社、『中国河北省における三光作戦』大月書店など。

岡田　充（おかだ　たかし）
　1948年生まれ。慶應義塾大学法学部卒業。共同通信社香港・モスクワ・台北の各支局長、編集委員、論説委員を経て、客員論説委員。桜美林大学非常勤講師、法政大学兼任講師を歴任。著書に『尖閣諸島問題――領土ナショナリズムの魔力』、『中国と台湾――対立と共存の両岸関係』、『米中新冷戦の落とし穴――抜け出せない思考トリック』など。本書原稿を提出後、出版を待たずご逝去。

山本恒人（やまもと　つねと）
　1943年生まれ（北京）、46年引き揚げ（大阪）。大阪外国語大学中国語科卒業。神戸大学経済学研究科博士後期課程単位取得。経済学博士（神戸大学）。大阪経済大学名誉教授。著書・共著に『現代中国の労働経済1949-2000――「合理的低賃金制」から現代労働市場へ』創土社、『中国は社会主義か』かもがわ出版など。

上里賢一（うえざと　けんいち）
　1944年生まれ（沖縄宮古島）。東北大学文学研究科博士課程中退。琉球大学名誉教授。著書に『琉球漢詩選』ひるぎ社、『校訂本　中山詩文集』九州大学出版会（第26回伊波普猷賞受賞）、『閩江のほとりで――琉球漢詩の原郷を行く』沖縄タイムス社、『久米村と漢詩』久米崇聖会、沖縄タイムス出版（文化特別賞受賞）など。

大西　広（おおにし　ひろし）
　1956年生まれ。京都大学大学院経済学研究科博士課程単位取得。経済学博士（京都大学）。京都大学、慶應義塾大学名誉教授。世界政治経済学会副会長、北東アジア学会元会長。編著書に『中国の少数民族問題と経済格差』、『中成長を模索する中国』、『マルクス経済学（第3版）』、『「人口ゼロ」の資本論』、『バブルと資本主義が日本を潰す』など。

日中友好ブックレット4
「台湾有事」を起こさせないために

2024年11月2日　初版第1刷発行
編　集　　日本中国友好協会
　　　　　〒111-0053 東京都台東区浅草橋5-2-3
　　　　　鈴和ビル5階
　　　　　TEL.03-5839-2140　FAX.03-5839-2141
発行者　　浜田 和子
発行所　　株式会社 本の泉社
　　　　　〒160-0022 東京都新宿区新宿2-11-7
　　　　　第33宮庭ビル1004
　　　　　TEL.03-5810-1581　FAX.03-5810-1582
　　　　　https://www.honnoizumi.co.jp
印刷・製本　株式会社 ティーケー出版印刷
　DTP　　木椋 隆夫

乱丁本・落丁本はお取り替えいたします。
ISBN978-4-7807-2269-7

理解は絆を強くする。中国力で可能性を広げよう
中国百科検定

©IKEDA AKEMI

中国語の能力ではなく、歴史・地理・政治・経済・社会・文化・教育・スポーツなど多方面の知識を問う検定試験です。

受験コースは「初級」「3級」「2級」「1級」「特級」の5段階。どなたでも受験可能です。年齢、国籍の制限はありません。

・・・・・・・・・・・・・初級の想定問題（4者択一）・・・・・・・・・・・・・
Q1 麻婆豆腐は何料理？　①北京料理 ②東北料理 ③四川料理 ④広東料理
Q2 中国の首都はどこ？　①上海 ②北京 ③香港 ④青島
Q3 中国の正式名称は？　①中華民主主義人民共和国 ②中華連邦共和国
　　　　　　　　　　　③中華人民共和国 ④中華人民合衆国

◎問題集
1000円＋税（送料別）

好評販売中！

◎公式テキスト
2500円＋税（送料別）

詳しくはホームページにて！
https://www.jcfa-net.gr.jp/kentei/

主催：日本中国友好協会 〒111-0053 台東区浅草橋5-2-3 鈴和ビル5階 ☎03-5839-2140

日中友好ブックレット

日本中国友好協会：編　A5判　好評発売中

日中友好ブックレット ①

『尖閣問題〜平和的解決を〜』

定価：540円（＋税）・72ページ
ISBN：978-4-7807-1167-7　C0036

　尖閣諸島をめぐる問題について、明治期以降を中心にした歴史的な経過と、ここ数年の動きを分かりやすく説明。尖閣問題を平和的に解決するべきだという視点で解明しています。

日中友好ブックレット ②

『どうする日中関係
　〜知らないでは済まない戦後70年〜』

定価：550円（＋税）・72ページ
ISBN：978-4-7807-1231-5　C0036

　戦後70年を迎えた今日、日本と中国の関係はどうなっているのか、その現状を明らかにし、そうした現実がどのような歴史の流れのなかで起きているのかを明治以降の日本の侵略の歴史も押さえながら解明し、これからの日中関係のあるべき方向を明らかにしています。

本の泉社　www.honnoizumi.co.jp
〒160-0022 東京都新宿区新宿 2-11-7 第 33 宮庭ビル 1004
Tel：03-5810-1581/FAX：03-5810-1582　E.mail：mail@honnoizumi.co.jp

侵略戦争の正当化を許さない真実
元日本兵が告白する加害体験
～南京大虐殺、三光作戦、捕虜斬殺、生体解剖、拷問、強制連行…

DVD
「証言－侵略戦争3部作セット」

価格5,000円＋税（送料別）
ガイドブック　価格1,000円＋税（送料別）

侵略戦争での自らの加害体験を語る体験者はきわめて少ない。『証言－侵略戦争～人間から鬼へ、そして人間へ』『証言－中国人強制連行』『証言－20世紀からの遺言～若者が問う侵略戦争』。このDVD「証言」3部作では、二度と再び同じ過ちを繰り返してはならないとの思いを抱く体験者が、「鬼」であった自らの加害体験を告白する。

DVD
「泥にまみれた靴で　　　　　－未来へつなぐ証言 侵略戦争」

価格3,000円＋税（送料別）
ガイドブック　価格400円＋税（送料別）

1931年から15年におよんだ侵略戦争で加害者となった兵士たちは、人間性を奪われ、鬼へと変わっていった。侵略戦争の深い反省に立って生まれた日本国憲法。罪を自覚し自らの体験を語り始めた兵士たち。「憲法をゆがめるのは戦争をするため」「過ちを繰り返してはならない」。侵略戦争を体験したかつての兵士たちは訴え続けた。

カレンダー
「中国 悠久の旅」

世界遺産をはじめとした雄大な中国の名所・旧跡などで綴ったカレンダー。予定も書き込める実用的なつくり。
- ●Ｂ４判（25.7cm×36.4cm）　●２８ページ中綴じ
- ●定価1,200円（税込・送料別）

お申し込み・お問い合わせは
日本中国友好協会 〒111-0053 東京都台東区浅草橋5-2-3 鈴和ビル5階
TEL03-5839-2140 FAX03-5839-2141 E-mail：nicchu@jcfa-net.gr.jp

日中友好ブックレット

日本中国友好協会：編　A5判　好評発売中

日中友好ブックレット ③

『日本は中国でなにをしたか
―― 侵略と加害の歴史 ――』

定価：600円（＋税）・80ページ
ISBN978-4-7807-1913-0　C0021

　明治から昭和にかけて日本は戦争を繰り返し、中国全土へとひろげられた侵略戦争はアジア太平洋地域へと拡大し、中国をはじめとした2000万人にもおよぶアジア諸国民が犠牲となりました。

　このブックレットでは侵略戦争の概説とともに、被害者の証言や加害行為をおこなった軍人の体験を具体的に紹介し、中国への侵略戦争の実態を明らかにします。

　日本中国友好協会は、中国をはじめとした国々への侵略戦争を再び繰り返させないために、不再戦平和運動を柱としています。このブックレットを多くの方に読んでいただき、学習会を開いてさらに学びあうなどして、日本が再び戦争への道を歩まないようにするための一助になればと願っています。

（「はじめに」より）

概説・監修
笠原 十九司
（都留文科大学名誉教授）

本の泉社　www.honnoizumi.co.jp
〒160-0022 東京都新宿区新宿 2-11-7 第33宮庭ビル 1004
Tel：03-5810-1581/FAX：03-5810-1582　E.mail：mail@honnoizumi.co.jp